数学文化彩虹桥 ⑥

扫 码 听 课
轻 松 学 练

- 陈加仓　包含丽 / 主编
- 谷尚品　符玲利 / 副主编
- 伍渊泼　戴志远　郑潇潇 / 编著

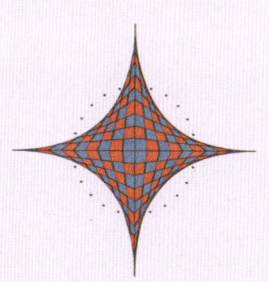

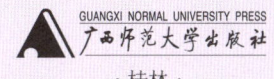

· 桂林 ·

数学文化彩虹桥 6
SHUXUE WENHUA CAIHONG QIAO 6

策　　划：敖登格日乐
责任编辑：田　莉
责任技编：王增元
封面设计：卜翠红
内文版式：叶晓丽

图书在版编目（CIP）数据

数学文化彩虹桥. 6 / 陈加仓，包含丽主编.
桂林 : 广西师范大学出版社，2024.12. -- ISBN 978-7-5598-7617-1
Ⅰ. G624.503
中国国家版本馆 CIP 数据核字第 2024QU2736 号

广西师范大学出版社出版发行
（广西桂林市五里店路 9 号　邮政编码：541004）
　　网址：http://www.bbtpress.com
出版人：黄轩庄
全国新华书店经销
北京汇瑞嘉合文化发展有限公司印刷
（北京市北京经济技术开发区荣华南路 10 号院 5 号楼 1501　邮政编码：100176）
开本：787 mm × 1 092 mm　1/16
印张：14.5　　　字数：145 千
2024 年 12 月第 1 版　　2024 年 12 月第 1 次印刷
定价：48.00 元

如发现印装质量问题，影响阅读，请与出版社发行部门联系调换。

序 言

  《数学文化彩虹桥》丛书是一套适合小学一至六年级学生进行数学学习、探究、阅读的图书，共6册。其中1至3册每册24个主题，4至6册每册28个主题，共156个主题。这套书集聚温州大学城附属学校的数学教育成果以及温州大学华侨网络学院华文教育的研究优势，每一个主题均选自陈加仓名师工作室团队为温州大学华侨网络学院学生量身定制的课程。书中将古诗词、二十四节气、神话故事、爱国主义精神等中华文化元素融入数学教学中，相应课程一经推出，便得到了海外华文学校师生的高度认同。

  著名数学家谷超豪曾说："人言数无味，我道味无穷。"《数学文化彩虹桥》丛书就是一套能让孩子感受数学魅力，增加探究兴趣，从阅读中体悟数学的趣味和中华传统文化的图书，能让孩子对数学知识产生浓厚的求知欲。这一特点体现在设问上，如"雪花长什么样子，你能画出来吗？雪花中还藏着哪些秘密？"一朵雪花就能带着孩子品味数学的魅力；再如"我能猜出你心中的数，你信吗？"一句话就能轻松调动孩子的好奇心。好奇心是孩子学习过程中最好的老师，它将带着孩子走向数学研究的深处。

该丛书是一套有具体情境、实际问题、可操作记录的读物，让孩子在"读玩做合一"的理念下进行数学探究活动，感受数学文化中蕴含的深奥内容、游戏中包含的深刻道理。

　　我们期盼，这套丛书能成为孩子课堂内外的学习材料、家庭教育的辅助参考、教师教学的有益资源，促进孩子在数学学习上的发展。总而言之，三言两语说不完《数学文化彩虹桥》丛书多有趣，只有亲临其中，展开阅读、思考、探索和实践，和书中的人物积极对话，你才能感受数学知识文化有多丰富，智慧营养价值有多高。

　　小朋友们，快来阅读吧！相信在阅读本书之后，你会对数学有一种全新的认识，会产生浓厚的兴趣，进而获得知识，提高能力。

　　愿你们眼里总有星辰大海，不负时光，勇往直前！

主编

人物介绍

熊猫

性格特点：积极乐观、招人喜欢

兴趣爱好：吃竹笋、卖萌、睡觉和给小朋友提问题

博士

性格特点：温和、睿智、博学多才

兴趣爱好：研究问题，总结规律，探寻事物的本质

华华

性格特点：乐观开朗、积极向上

兴趣爱好：踢足球、打羽毛球、编程、读书

佳佳
性格特点： 善良温和、有责任感
兴趣爱好： 喜欢小动物、热心公益、弹古筝、写书法

慧慧
性格特点： 独立自信、活泼开朗
兴趣爱好： 下围棋、做手账、看电影、读书

侨侨
性格特点： 聪明机灵、勇敢正直
兴趣爱好： 攀岩、拼搭玩具、问问题、思考

融融
性格特点： 可爱懂事、善解人意
兴趣爱好： 跟小朋友做游戏、听妈妈讲故事、游泳

目　录

1. 一笔画 1
2. 怎样走最近 10
3. 科克雪花 18
4. 7 的倍数特征 25
5. 分数的拆分 32
6. 画正方形 39
7. 裁剪组合正方形 48
8. 怎么围最大 55
9. 一亩三分地 62
10. 三角形最多的个数 69
11. 三角形面积的等分 75
12. 蝴蝶原理 81
13. 格点与面积 88
14. 过桥问题 98

15. 周髀算经 ········· 106

16. 数学论证大师赵爽 ········· 112

17. 相遇问题 ········· 121

18. 错视图形 ········· 128

19. 涂色图形 ········· 135

20. 正多面体 ········· 143

21. 多面体的秘密 ········· 149

22. 长方体包装中的问题 ········· 157

23. 柱体体积 ········· 169

24. 圆周率 ········· 176

25. 绘制国旗 ········· 182

26. 华罗庚直接法 ········· 192

27. 绘制党旗 ········· 198

28. 古代幻方大师杨辉 ········· 207

参考答案 ········· **213**

1 一笔画

扫码听讲解

数学真奇妙

同学们,今天我们来学习"一笔画"问题。先来读一读。

读一读

风景秀丽的哥尼斯堡(今称加里宁格勒,是俄罗斯加里宁格勒州的首府)有一条河,河中有两座小岛,河的两岸与两岛之间共建有七座桥,城中的居民经常沿河过桥散步。但是几个世纪以来,没有人能够一次不重复地走遍所有的七座桥,最终回到起点。

一起来交流

这就是数学史上著名的七桥问题。七桥问题提出后,很多人对此很感兴趣,纷纷进行试验,但在相当长的时间里,始终未能解决。直到1736年,数学家欧拉访问哥尼斯堡,他对七桥问题进行了研究,不仅圆满地解答了这个问题,而且得到并证明了更为广泛的有关此类问题的三条结论,人们通常称之为"欧拉定理"。

为什么不能一次不重复地走遍所有的七座桥呢?

动手来探究

想知道其中的秘密吗?那就让我们化身"小欧拉",一起来探究吧。

 欧拉解决这个问题的方法非常巧妙。他认为,人们关心的只是一次不重复地走遍这七座桥,并不关心桥的长短和岛的大小,因此,岛和岸都可以看作点,而桥则可以看成是连接这些点的线。

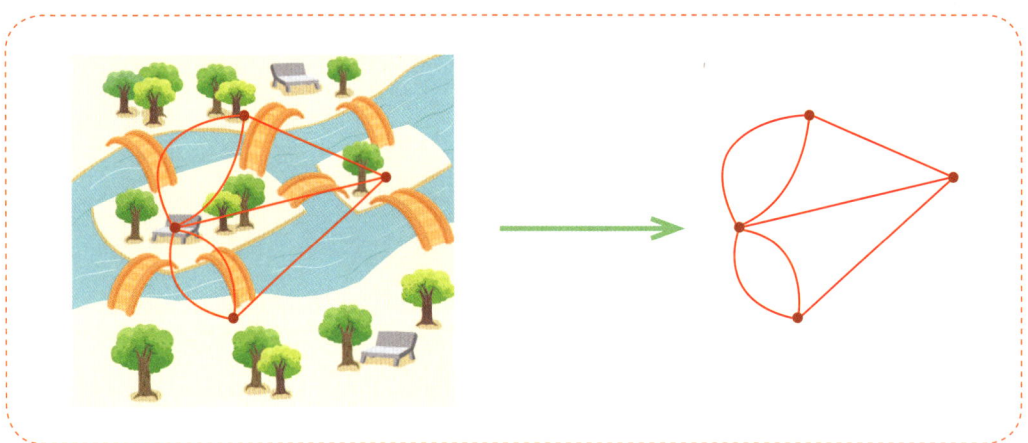

这个办法可真好,这样走路问题就转化成"一笔画"问题了。

 什么是"一笔画"问题呀?

1. 一笔画

"一笔画"是指笔不离开纸，一笔画好图形，且每条线都只画一次。

那么七桥问题为什么不能"一笔画"呢？在此之前，我们先来看看，下列哪些图形可以"一笔画"？请你动手试一试吧。

"六"字我画了（　　）笔，为什么不能"一笔画"？

右边的都可以"一笔画"。它们的线都是连在一起的，形成了许多的交点。

是的，这些交点里藏着"一笔画"的秘密哦。欧拉给这些交点进行了分类。

❶ 有奇数条线相连的点叫作奇点。如：

❷ 有偶数条线相连的点叫作偶点。如：

现在请你试着将下列图形"一笔画"，并填表。

图形	奇点个数	偶点个数	能否"一笔画"
□			
⋈			
⟁			
⊠			

观察上面的表格，你的发现是：_____。

奇怪，出现奇点，就不能"一笔画"了。

1. 一笔画

再来"一笔画",并填表。

图形	奇点个数	偶点个数	能否"一笔画"
≲			
▭			
∠			
⌂			

观察上面的表格,你的发现是:_____。

不对,奇点个数是2也可以"一笔画"。

现在你知道什么情况可以"一笔画"了吗?

奇点只能是( )个或( )个,偶点可以是_____。

 **神奇大揭秘**  同学们,通过前面的探究过程,你们发现了什么?一起来看看。

一起来交流

 秘密就在奇点和偶点的图里面哦!

从奇点开始向外走,出去了,最终无法回来;
从外面向奇点走,进来了,最终无法出去。

 因此,如果有奇点,那么奇点只能作为画图的开始或结束,奇点最多只能有2个。

1. 一笔画

而偶点，从外面既能进去，还可以出来，因此无论有几个偶点，我们都能一直画下去，直到结束。

原来是这样啊，欧拉真是太了不起了！哥尼斯堡七桥有 4 个奇点呀，怪不得不能"一笔画"呢！

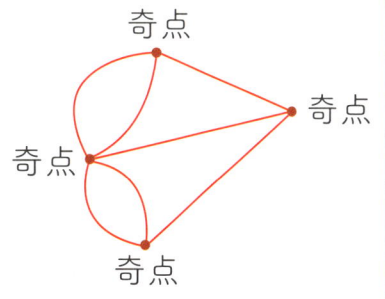

知识我会用

同学们，前面讲的方法你们都学会了吗？我来考考你们。

❶ 甲、乙两个快递员去送快递，两人同时出发以同样的速度走遍所有的街道。甲从 A 点出发，乙从 B 点出发，最后都回到快递站（C 点）。如果要选择最短的路线，那么谁先回到快递站？

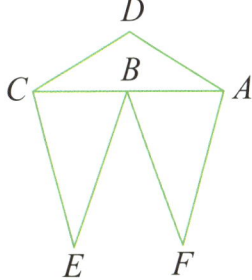

❷ 如图是一个公园的平面路线图。游人能不能走遍每一条路且不重复？入口和出口又该设在哪儿？

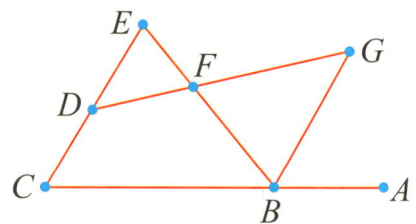

❸ 如图，请试着判断该图能否一笔画。如果能，请动手画一画。

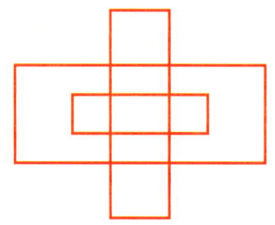

1. 一笔画

智慧小链接  同学们，下面我们一起来了解一下伟大的数学家欧拉吧。

莱昂哈德·欧拉（1707—1783），瑞士数学家和物理学家，近代数学先驱之一。欧拉的研究几乎涉及所有数学分支，并且对物理力学、天文学、弹道学、航海学、建筑学、音乐都有研究。有许多公式、定理、解法、函数、方程、常数等是以欧拉的名字命名的。欧拉编写的数学教材在当时一直被当作标准教程。19世纪伟大的数学家高斯（1777—1855）说："研究欧拉的著作永远是了解数学的最好方法。"

关于七桥问题，欧拉的论点是这样的：除了起点，每一次当一个人由一座桥进入一块陆地（或点）时，他（或她）同时也由另一座桥离开此点。因此每行经一点时需计算两座桥（或线），从起点离开的线与最后回到始点的线亦计算两座桥，因此每一块陆地与其他陆地连接的桥数必为偶数。而七桥所形成的图形中，没有一点是偶点，因此上述任务无法完成。

欧拉的这个论点非常重要，也非常巧妙，它表明了数学家处理实际问题的独特之处——把一个实际问题抽象成合适的数学模型。这种研究方法就是数学模型方法。

接下来，欧拉运用"一笔画"定理为判断准则，很快就判断出要一次不重复地走遍哥尼斯堡的七座桥是不可能的。

2 怎样走最近

扫码听讲解

数学真奇妙  同学们，今天我们来学习怎样走最近。开始之前，先来读一读。

古从军行
[唐]李颀(qí)

白日登山望烽火，黄昏饮马傍交河。

行人刁斗风沙暗，公主琵琶幽怨多。

野云万里无城郭，雨雪纷纷连大漠。

胡雁哀鸣夜夜飞，胡儿眼泪双双落。

闻道玉门犹被遮，应将性命逐轻车。

年年战骨埋荒外，空见蒲桃入汉家。

一起来交流

 这是一首唐代的边塞诗。

是呀，这首诗描绘得好悲壮呀！

2. 怎样走最近

此诗借汉皇开边，讽玄宗用兵。诗中对唐玄宗的好大喜功、穷兵黩武、视人民生命如草芥的行径，加以讽刺，悲多于壮。全诗记叙从军之苦，充满反战思想。万千尸骨埋于荒野，仅换得蒲桃（今作"葡萄"）归种中原，供富贵者享用。

这首诗中还藏着一个数学问题呢。

真的吗？是什么问题呀？

就是那两句"白日登山望烽火，黄昏饮马傍交河"啊。

如图所示，诗中将军在观望烽火之后从山脚下的 A 点出发，走到河边（直线 l）饮马后再到营地（B 点）宿营。请问怎样走才能使总的路线最短？

• B

• A

———————————— l
　　　　　　河流

我知道，这就是著名的"将军饮马"问题。

动手来探究

 同学们,"将军饮马"问题你们会解决吗?我们一起来探究。

动手操作

试着在图中画一画,找出最短路线,并说明理由。

· B

· A

———————————— l
　　　　　　　河流

理由:_____

_____

一起来交流

 我先画一画。我先从 A、B 两点分别向直线 l 画垂线,垂足分别是 C 点和 D 点,然后找到线段 CD 的中点 E,连接 AE 和 BE,我觉得 A—E—B 这条路最短。

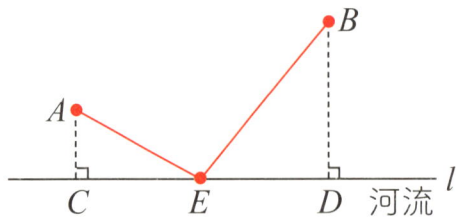

不对，不对，我也试过 E 点，但是我发现，在 E 点左边的点，距离会更短！就像我图中画的蓝色的线。

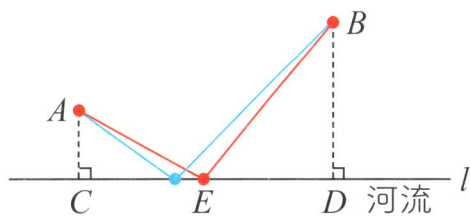

 我还试了下面两种方法，好像也不是最短路线。

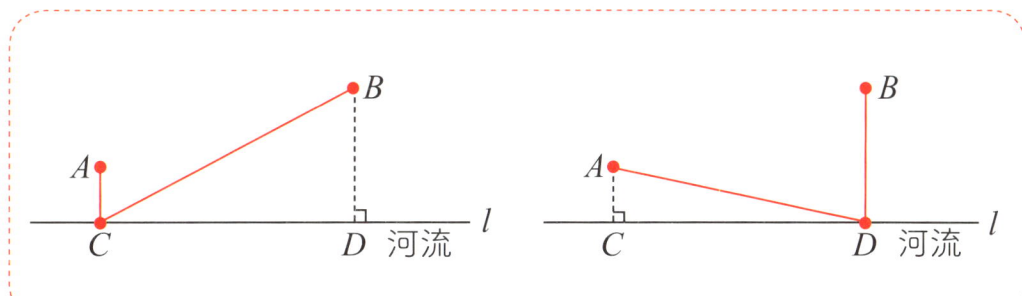

是呀，那到底哪条路线最短呢？博士，你有什么好方法吗？

 确实有方法，这里我们需要用到"两点之间直线最短"的知识，然后加上一点镜像的小技巧……

我知道最短的路线在哪里啦！先找到 A 点关于河流 l 的对称点 A'，然后连接 $A'B$，$A'B$ 与河流 l 的交点设为 O，将军从 A 点出发，到 O 点饮马，再到 B 点宿营，则路线最短。这里利用了对称的知识，创造了一个等腰三角形 $AA'O$，$OA=OA'$，因此 $A'B$ 之间的线段就是最短距离。

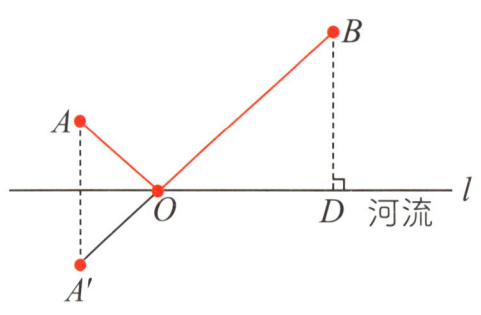

你真聪明！这里其实用到了"转化"的数学思想，将需要"转折"的问题转化为直线问题。像这样的问题还有许多呢！

哇，这个方法好巧妙啊！大家知道吗？"转化"的思想方法用处可大了。

2. 怎样走最近

  同学们，通过前面的探究过程，你们发现了什么？一起来看看。

动手操作

如图，一个正方体放在桌面上，一只小蚂蚁从 A 点出发，沿着正方体表面爬到 D 点去吃糕点屑。请你帮它找到最短的路线并用线描出来。（如果需要，可以找一个正方体试着量一量。）

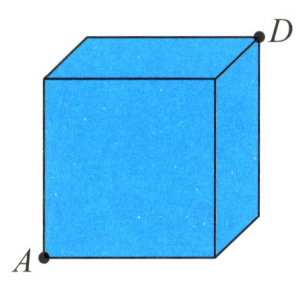

一起来交流

 这简单，不就是这样画吗？

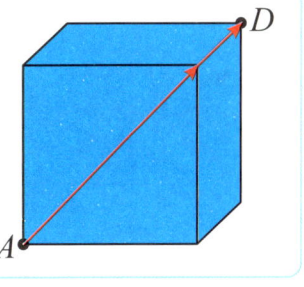

不对哦，这里同样需要用到"转化"的数学思想。你把线往左画一点，量量看，是不是更短了？

我量了下,真是这样!那怎么才能找到最短的路线呢?

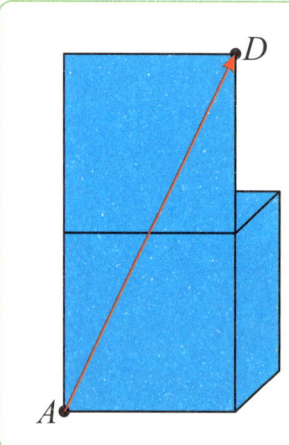

我知道啦,我们把这个立方体的问题转化为平面问题。

对!我们只需将正方体展开成一个平面,由于顶点 D 是由三个面相交形成的,因此展开之后 D 点就分别出现在三个面上,如图 D_1、D_2 和 D_3。此时,A 点和它们处在同一平面中,可以利用同一平面内两点之间直线最短,找出最短路线。

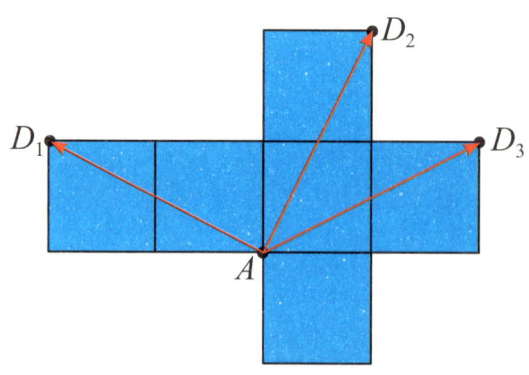

太棒了,原来"转化"思想这么有用啊!

知识我会用

 同学们，前面讲的方法你们都学会了吗？我来考考你们。

如图，一个长方体放在桌面上，一只小蚂蚁从 A 点出发，沿着长方体表面爬到 C 点去吃糕点屑。请你帮它找到最短的路线，并用尺子量一量是多少厘米。

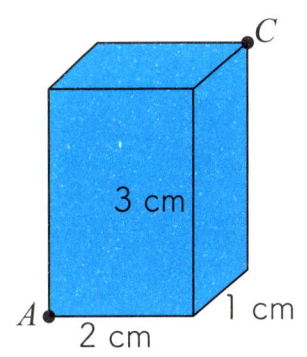

智慧小链接

 同学们，下面我们一起来了解一下前面提到的唐代诗人李颀吧。

李颀（690？—751？），祖籍赵郡（今河北省赵县），居住于河南颍阳（今河南省登封市），唐代诗人。开元二十三年（735年）进士，曾任新乡县尉，后辞官归隐。李颀擅长五言、七言歌行体，诗以边塞题材为主，风格豪放，慷慨悲凉。与王维、高适、王昌龄等人皆有唱和。主要作品有《古意》《古从军行》《塞下曲》等。

❸ 科克雪花

扫码听讲解

数学真奇妙  同学们,今天我们一起来研究一下雪花里的数学吧。

 雪花落在手里凉凉的,真有趣!

是呀,雪花的形状好美呀。

 小小的雪花里也藏着数学秘密呢!

雪花形状极多,且都是十分复杂的几何图形,想要研究它,我们就需要对它进行简化,也就是常说的"化繁为简"。来,看我变、变、变!

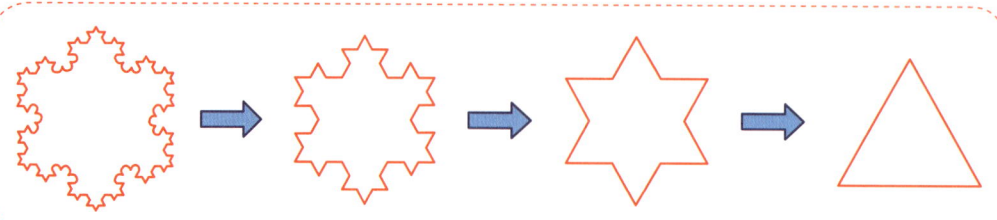

3. 科克雪花

太神奇了,原来复杂的雪花形状可以简化成我们常见的三角形啊!

  刚才雪花变成三角形的过程,你们看清楚了吗?我们一起来探究吧。

动手操作

你能将下面这个等边三角形改成 ☆ 吗?

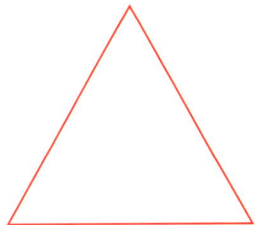

一起来交流

这里需要用尺子把三角形的边三等分呢。

三角形边上新"长"出来的小三角形怎么画呢?

 我知道，可以用量角器，像下面图②这样画60°的角。

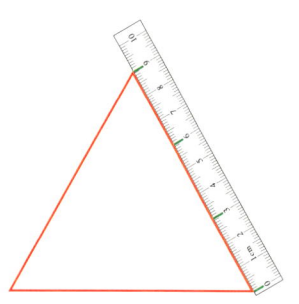
①将一条边三等分

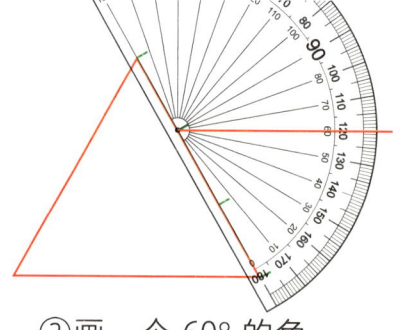
②画一个60°的角

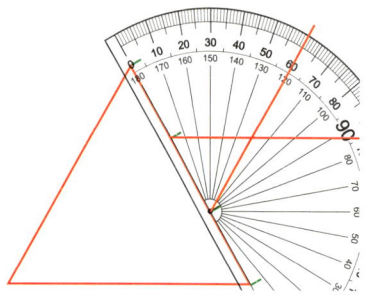
③画另一个60°的角

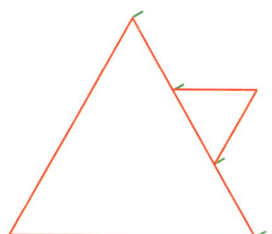
④擦除多余的部分

 实际上，我们不停地进行以上操作，让每一条边都"长"出一个新的三角形，重复不断，就变成一朵雪花啦。这朵雪花也有它的名字，叫作科克雪花。

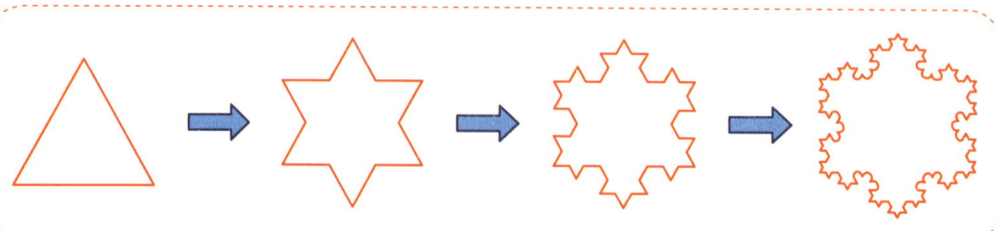

3. 科克雪花

科克雪花是瑞典数学家科克受雪花形状的启发，于1904年构造出来的，因此就以科克的名字命名。

从三角形到科克雪花，发生了什么变化？

我知道，图形的边数肯定变了！

是呀。那么你们能数出它的边数吗？

  同学们，通过前面的探究过程，你们发现了什么？来看看吧。

动手操作

❶ 先数一数下面的图形各有几条边，再填一填，然后观察一下，你发现了什么？

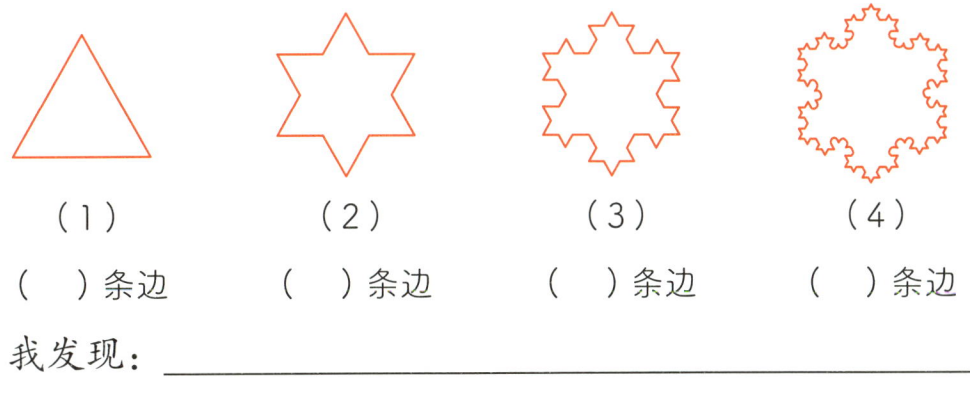

（1）　　　　（2）　　　　（3）　　　　（4）

（　）条边　（　）条边　（　）条边　（　）条边

我发现：_____
_____

❷ 先算出下列图形的周长，再观察一下，它们的周长又存在什么秘密呢？

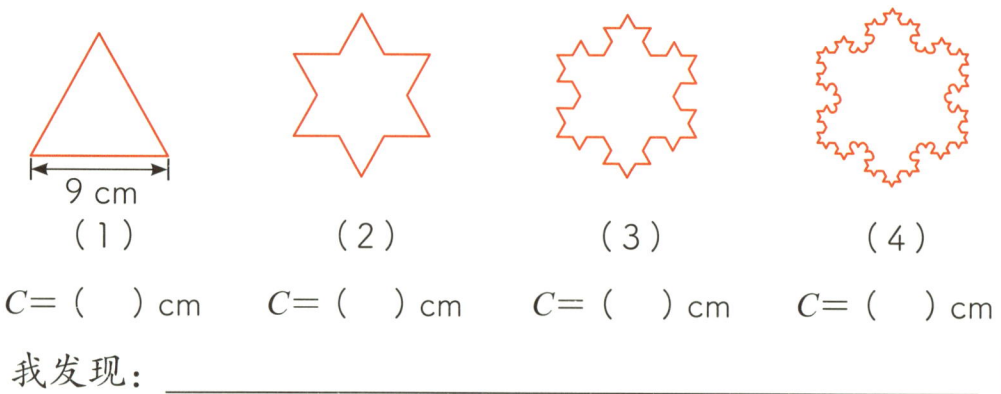

（1） （2） （3） （4）

C＝（ ）cm　　C＝（ ）cm　　C＝（ ）cm　　C＝（ ）cm

我发现：_____

_____

一起来交流

我先来填一填。
❶ 分别是 3 条边、12 条边、48 条边、192 条边；
❷ 周长分别是 27 cm、36 cm、48 cm、64 cm。

真神奇！我发现，随着图形变复杂，每次边数变成原来的 4 倍，周长变成原来的 $\frac{4}{3}$。

   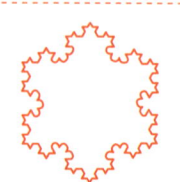 ……

如果一直这样下去，周长会变成无限长吗？

3. 科克雪花

感觉无法想象呀！同学们，你们觉得呢？

是的，周长会变得无限长。那它的面积也会变得无限大吗？

我想周长都无限长了，面积应该也会无限大吧！

实际上，面积不会变成无限大，因为无论边变得多复杂，这片雪花永远不会超出这个圆，所以面积不会无限大。

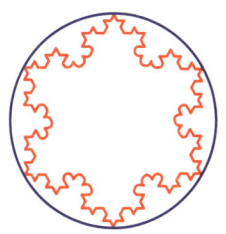

知识我会用  同学们，前面讲的你们都学会了吗？我来考考你们。

根据前面讲的画图方法，你也来画一朵科克雪花吧。试一试，画一画。

智慧小链接

同学们，你们知道分形几何学吗？一起来看看吧。

科克雪花属于分形几何学。那什么是分形呢？分形，通常被定义为"一个粗糙或零碎的几何形状，可以分成数个部分，且每一部分都（至少近似地）是整体缩小后的形状"，即具有自相似的性质。

在分形几何学中还存在许多有意思的图形。比如：周长趋近于无穷大，面积趋近于零的谢氏三角（谢尔宾斯基三角形）；还有表面积趋于无穷大，体积趋于零的门格海绵。

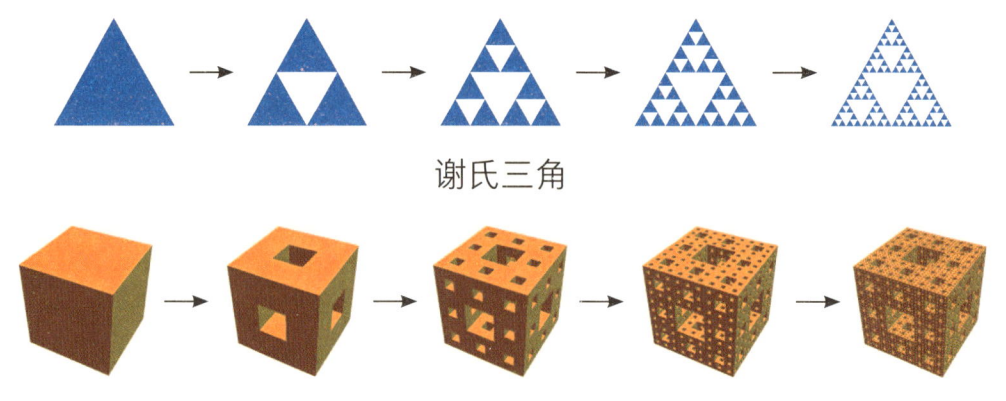

谢氏三角

门格海绵

在我们的生活中，还存在许多分形，比如植物的叶片表面、闪电、瀑布、海岸线，等等，有待大家去发现。

有兴趣的同学可以去查一查分形几何学的资料哦。

④ 7 的倍数特征

扫码听讲解

数学真奇妙 同学们，哪些数的倍数特征是你们已经知道的？都来说一说吧。

一起来交流

我知道！我知道！2 的倍数特征就是个位上是偶数。

5 的倍数特征是个位上是 0 或者 5。

要判断一个数是不是 3 的倍数，只要将它各个数位上的数加起来看看能否被 3 整除，能整除的就是 3 的倍数。

你们真厉害！每个数都有自己的特征，它的倍数也有一定的规律。这个"倍数"首先必须是一个整数哦！

---

2 的倍数特征：个位上是 0、2、4、6、8 的数。

3 的倍数特征：各个数位上的数字之和是 3 的倍数的数。

5 的倍数特征：个位上是 0 或 5 的数。

动手来探究

 那么7的倍数会有什么特征呢？我们一起来探究。

动手操作

7的倍数会有什么特征呢？请你思考一下，并把你的想法写下来。

一起来交流

我猜可能和2、5的倍数特征相似，看个位上的数。

我觉得可能和3的倍数特征相似，看各个数位上的数之和。

我列举了一些关于7的算式。仔细观察一下，和你们的猜想一样吗？

4.7 的倍数特征

1×7=7	107÷7=15……2
2×7=14	114÷7=16……2
3×7=21	121÷7=17……2
4×7=28	128÷7=18……2
5×7=35	135÷7=19……2
6×7=42	142÷7=20……2
7×7=49	149÷7=21……2
8×7=56	156÷7=22……2
9×7=63	163÷7=23……2
……	……

从这些算式中，我看不出 7 的倍数有什么特征。

右边的算式中，被除数末两位是 7 的倍数，但这些被除数本身却都不是 7 的倍数。

别着急，我们先来看看 3 的倍数特征是怎么来的。

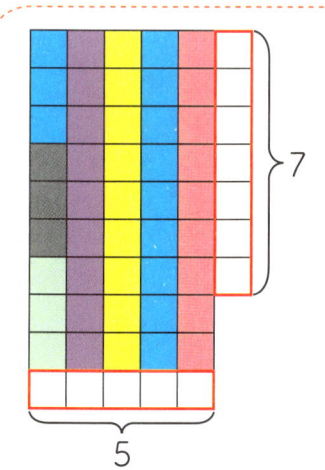

以 57÷3 为例：

10÷3=3……1，即每个 10 除以 3 余 1，因此 50 除以 3 就会余 5，加上个位上的 7，5+7=12，12÷3=4。

因此 57 是 3 的倍数。

10÷3、100÷3、1000÷3 的余数都是 1，最高位上是几，余数就是几。对吗？

突破口就在余数！

现在来观察一下下面这些算式，你有什么新的发现？

$107÷7=15……2$ $207÷7=29……4$
$114÷7=16……2$ $214÷7=30……4$
$121÷7=17……2$ $221÷7=31……4$
$128÷7=18……2$ $228÷7=32……4$
$135÷7=19……2$ $235÷7=33……4$
……   ……
$163÷7=23……2$ $277÷7=39……4$
……   ……

你看！算式的末两位都是 7 的倍数，百位上为 1 时，余数都是 2，百位上为 2 时，余数都是 4。

因此 105、112、119、…、203、210、217、… 这些数才是 7 的倍数。

你们真会观察！为什么会这样呢？

4.7 的倍数特征

神奇大揭秘  同学们，通过前面的探究过程，你们发现了什么？一起来看看。

结合下图，我们来说明 163 是否是 7 的倍数。

$$163 \div 7 = ?$$

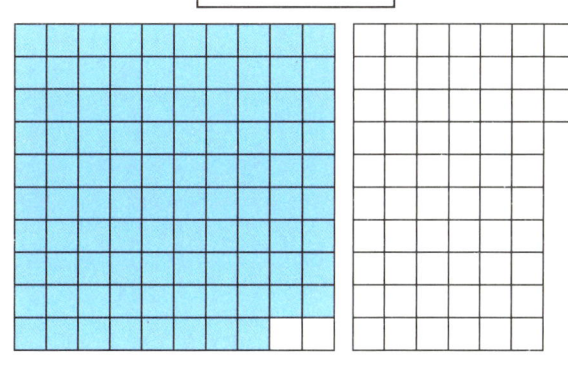

（1）将 163 拆分为 100 和 63： $163 = 100 + 63$；

（2）先计算 $100 \div 7$： $100 \div 7 = 14 \cdots\cdots 2$；

（3）将余数 2 与末两位数相加： $2 + 63 = 65$；

（4）查看 65 能否被 7 整除： $65 \div 7 = 9 \cdots\cdots 2$；

因此 163 不是 7 的倍数。

根据右图，我们知道：
$100 \div 7 = 14 \cdots\cdots 2$；
也就是说，每个 100 除以 7，都会多出一个余数 2。
$200 \div 7 = 2 \times 14 \cdots\cdots 2 \times 2$；
$300 \div 7 = 3 \times 14 \cdots\cdots 3 \times 2$；
……
$n \times 100 \div 7 = n \times 14 \cdots\cdots n \times 2$。

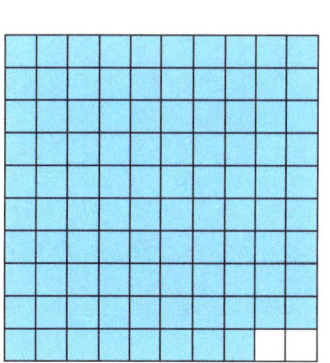

由此，我们掌握了"整百数÷7"的余数规律，接下来只要把"余数＋末两位数"，看看得数是否是7的倍数就能判断啦！

判断一个数是否是7的倍数：小于100的数，通过口算快速判断；大于100的数，通过"（百位及以上的数×2＋末两位数）÷7"是否整除来判断。下面我们来验证一下。

以242÷7为例：（请你填一填）

$242 \div 7 = ?$

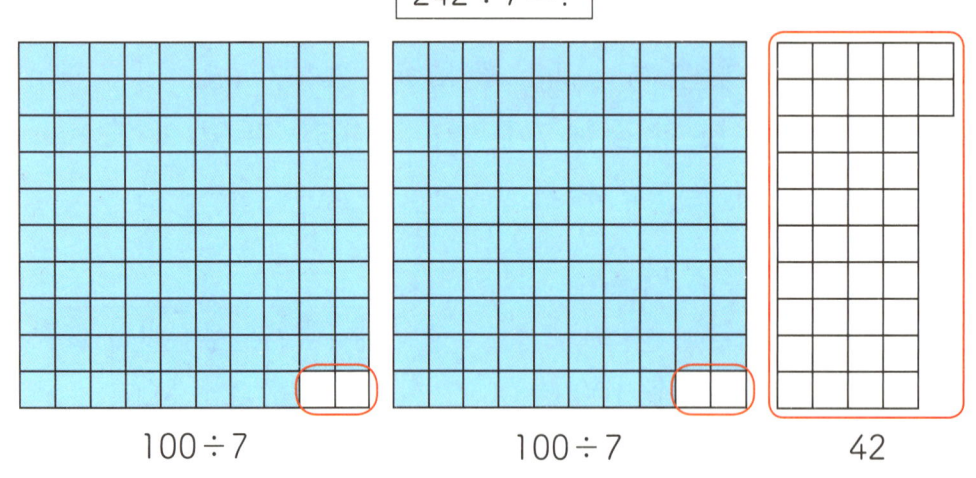

100÷7   100÷7   42

2×2+42=46，46÷7=6……4。

因此242（　　　　）（填"是"或"不是"）7的倍数。

知识我会用

  同学们,前面讲的方法你们都学会了吗?我来考考你们。

请判断:554、448、1245 是不是 7 的倍数?

智慧小链接

 同学们,你们还知道哪些数的倍数特征?我们来总结一下。

要讲数的倍数特征,首先这个"倍数"必须是一个整数,然后需分别满足下列条件:

2 的倍数:个位上是 0、2、4、6 或 8 的整数。

3 的倍数:各个数位上的数之和能被 3 整除的整数。

4 的倍数:末尾两位数能被 4 整除的整数。

5 的倍数:个位是 0 或 5 的整数。

6 的倍数:能同时被 2 和 3 整除的整数。

8 的倍数:末尾三位数能被 8 整除的整数。

9 的倍数:各个数位上的数之和能被 9 整除的整数。

5 分数的拆分

扫码听讲解

数学真奇妙  同学们，你们知道如何对分数进行拆分吗？一起来学习一下。

动手操作

观察下面的分数算式，你有什么发现？

$$\frac{1}{4} + \frac{1}{12} = \frac{1}{3} \qquad \frac{1}{6} + \frac{1}{6} = \frac{1}{3}$$

$$\frac{1}{5} + \frac{1}{20} = \frac{1}{4} \qquad \frac{1}{24} + \frac{1}{12} = \frac{1}{8}$$

我发现，不管是加数还是和，都是分子为 1 的分数。

你真会观察！这些都是"埃及分数"。

埃及分数

埃及分数是指分子是 1 的分数，也叫单位分数。古代埃及人在进行分数运算时，只使用分子是 1 的分数，因此这种分数被叫作埃及分数，或者叫单分子分数。

将一个单位分数拆分成两个单位分数之和的过程，叫作分数的拆分。

动手来探究

那么如何将一个单位分数拆分成两个单位分数之和呢？我们一起来探究。

动手操作

将 $\dfrac{1}{6}$ 拆分成两个单位分数的和。

$$\dfrac{1}{6} = \dfrac{2}{12} = \dfrac{1}{12} + \dfrac{1}{12}$$

$$\dfrac{1}{6} = \dfrac{3}{18} = \dfrac{1}{18} + \dfrac{2}{18} = \dfrac{(\ )}{(\ )} + \dfrac{(\ )}{(\ )}$$

一起来交流

观察第一道算式,根据"分数的基本性质",将 $\frac{1}{6}$ 分子分母都扩大两倍,然后将分子拆分为 1+1,得到两个相同的单位分数。

如果要拆分成两个不同的单位分数,那么可以扩大 3 倍。例如第二道算式。

我把分子拆分成 1+2,可是,$\frac{2}{18}$ 不是单位分数,怎么办呢?

我们可以对 $\frac{2}{18}$ 进行化简呀!请你来试一试!

$$\frac{1}{6} = \frac{4}{24} = \frac{(\ )}{24} + \frac{(\ )}{24} = \frac{(\ )}{(\ )} + \frac{(\ )}{(\ )}$$

除了上面这些,我这里还有很多的拆分方法呢!

5. 分数的拆分

神奇大揭秘

  同学们,通过前面的探究过程,你们发现了什么?来看看吧。

动手操作

仔细观察下面的算式,说一说分数的拆分还藏着什么秘密。

$$\frac{1}{6} = \frac{5}{30} = \frac{2}{30} + \frac{3}{30} = \frac{1}{15} + \frac{1}{10}$$

$$\frac{1}{6} = \frac{6}{36} = \frac{2}{36} + \frac{4}{36} = \frac{1}{18} + \frac{1}{9}$$

$$\frac{1}{6} = \frac{7}{42} = \frac{1}{42} + \frac{6}{42} = \frac{1}{42} + \frac{1}{7}$$

一起来交流

 我发现,第一道算式中,分子拆分为2和3,都是30的因数;第二道算式中,分子拆分为2和4,都是36的因数。

是的，第三道算式中，1和6也都是42的因数；如果将分子拆分为3和4，那么$\frac{4}{42}$就无法化简成单位分数了。

因此，分子、分母扩大后，拆分出来的分子，必须是扩大后的分母的因数，才能化简为单位分数。再来拆一拆。

将$\frac{1}{5}$拆分成两个单位分数的和。

$$\frac{1}{5} = \frac{2}{10} = \frac{(\ )}{(\ )} + \frac{(\ )}{(\ )} = \frac{(\ )}{(\ )} + \frac{(\ )}{(\ )}$$

$$\frac{1}{5} = \frac{6}{30} = \frac{(\ )}{(\ )} + \frac{(\ )}{(\ )} = \frac{(\ )}{(\ )} + \frac{(\ )}{(\ )}$$

因为5是质数，因数比较少，所以只能写出这两种！

扩大的倍数也是有要求的，必须是5的因数之和，5的因数只有1和5，1+5=6，因此只能扩大6倍。

扩大之后，拆出来的分子也得是5的因数，6拆分为1和5。你明白了吗？

5. 分数的拆分

以 $\dfrac{1}{5} = \dfrac{6}{30} = \dfrac{1}{30} + \dfrac{5}{30} = \dfrac{1}{30} + \dfrac{1}{6}$ 为例：

分子、分母扩大的倍数也是有规律的，分子与分母扩大的倍数是分母的两个因数之和。

将一个分数拆分为多个单位分数，还有一个绝招：0 的巧用。

$$\dfrac{1}{8} = \dfrac{1}{8} - \dfrac{1}{9} + \dfrac{1}{9} - \dfrac{1}{10} + \dfrac{1}{10} - \dfrac{1}{11} + \dfrac{1}{11}$$

$$\dfrac{1}{8} = \dfrac{1}{72} + \dfrac{1}{90} + \dfrac{1}{110} + \dfrac{1}{11}$$

知识我会用

同学们，前面讲的方法你们都学会了吗？我来考考你们。

将下面两个分数拆分成两个不同的单位分数的和。

$\dfrac{1}{10} = \dfrac{(\ \ )}{(\ \ )} = \dfrac{(\ \ )}{(\ \ )} + \dfrac{(\ \ )}{(\ \ )} = \dfrac{1}{(\ \ )} + \dfrac{1}{(\ \ )}$

$\dfrac{1}{12} = \dfrac{(\ \ )}{(\ \ )} = \dfrac{(\ \ )}{(\ \ )} + \dfrac{(\ \ )}{(\ \ )} = \dfrac{1}{(\ \ )} + \dfrac{1}{(\ \ )}$

智慧小链接  同学们，类似的问题，你们还会解决吗？来试试吧。

从前，有一个老牧人，他在临终前把3个儿子叫到跟前说："我没有什么遗产给你们，仅有11匹马。将总数的$\frac{1}{2}$分给老大，$\frac{1}{4}$分给老二，$\frac{1}{6}$分给老三，但不许把马杀死或卖掉。你们自己分吧。"说完就去世了。你知道怎么分吗？来分一分吧。

6 画正方形

数学真奇妙  同学们,你们画过正方形吗?今天我们一起来画正方形。

动手操作

在下面的方格图(每个格子的边长为 1 cm)中,你能画出几种面积不同的正方形?画一画,涂一涂。

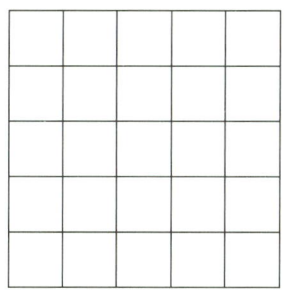

一起来交流

 看我的,我能画出 5 种。

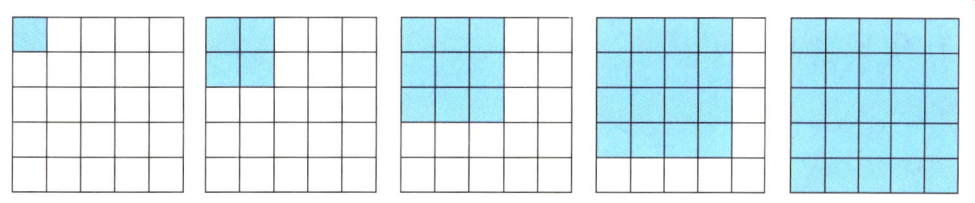

这个很简单!面积分别是 1 cm², 4 cm², 9 cm², 16 cm², 25 cm²。

这 5 个正方形对应的边长分别是 1 cm、2 cm、3 cm、4 cm、5 cm。

我来总结一下。利用边长的不同,我们画出了 5 种面积不同的正方形。

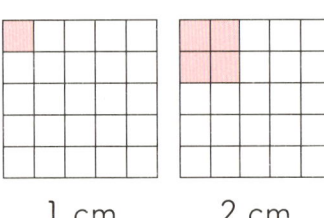 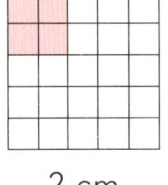 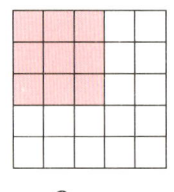 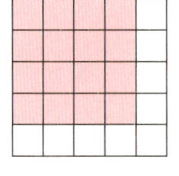 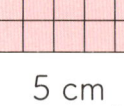

1 cm 　 2 cm 　 3 cm 　 4 cm 　 5 cm
1 cm² 　4 cm² 　9 cm² 　16 cm² 　25 cm²

真棒!还能画出其他面积的正方形吗?

动手来探究

同学们,如何画出其他面积的正方形呢?我们一起来探究。

动手操作

在同样的方格图中,你能画出面积为 2 cm² 的正方形吗?快来试一试!

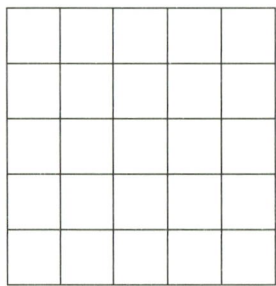

6. 画正方形

一起来交流

面积为 2 cm² 的正方形,那要用到两个格子。可两个格子明明是长方形呀!

你们看,我找了好久也找不到一个数的平方刚好等于 2!下面就是我列出的算式。

$$1.2 \times 1.2 = 1.44 \qquad 1.5 \times 1.5 = 2.25$$
$$1.3 \times 1.3 = 1.69 \qquad 1.6 \times 1.6 = 2.56$$
$$1.4 \times 1.4 = 1.96$$

刚刚我们都是正着画正方形的,那能不能斜过来画正方形呢?

啊,我好像会了。请看这里!大家一起来算一算,下面这个图形中涂色部分的面积是不是 2 cm²?

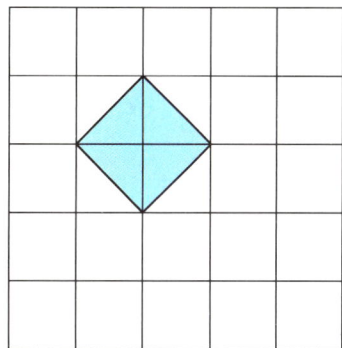

我来算。将这个涂色图形分割成4个直角三角形，它们的直角边长都是1 cm，因此 $1\times 1\div 2\times 4=2$（cm²）。

你有办法说明这个涂色图形是正方形吗？

（1）这个涂色图形中的4条边长是相等的吗？

（2）任意2条边长的夹角是直角吗？

因此这个图形确实是正方形。

你们真聪明！像这样面积为 2 cm² 的正方形，它的边长其实是一个无理数，也就是无限不循环小数。

6. 画正方形

 同学们，通过前面的探究过程，你们发现了什么？来看看吧。

动手操作

我们通过斜过来画的方法画出了面积为 2 cm² 的正方形。在同样的方格图中，你还能画出面积为几的正方形呢？动手试一试。

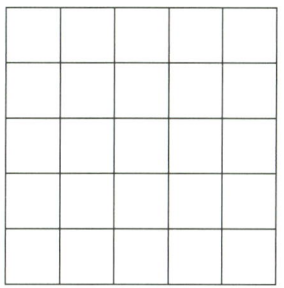

一起来交流

我能画出面积为 8 cm² 的正方形。

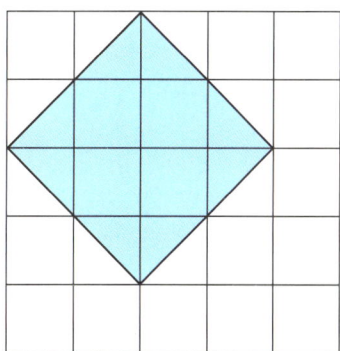

 请观察下面的两组正方形，它们有什么不同？请你说一说。

第一组：

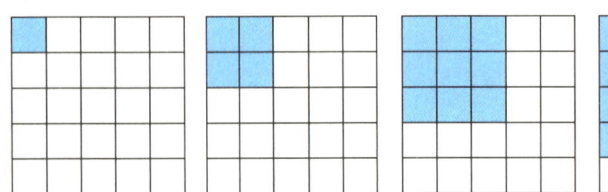

第二组：

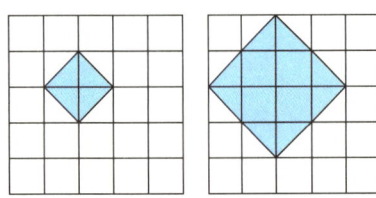

 我发现，第一组是正着画的，第二组是斜着画的。

 第一组的边长都是整数，第二组的边长都是无理数。

 我们已经画出了面积分别为 1 cm²、2 cm²、4 cm²、8 cm²、9 cm²、16 cm²、25 cm² 的正方形，那面积为 5 cm² 的正方形能画得出来吗？

 我觉得可以再斜一点，快来试试看！

6. 画正方形

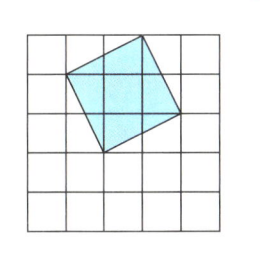

同学们，你们画出来了吗？你们能说明这个图形是正方形，并且面积为 5 cm² 吗？

第一步：说明∠ADC 是直角，且 AB=BC=CD=DA。

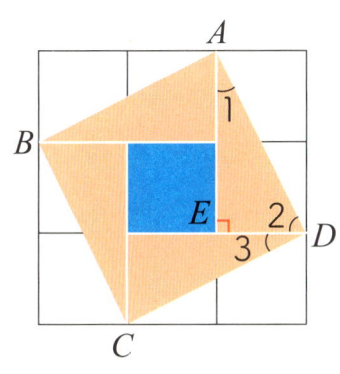

在△AED 中，∠AED=90°，
∴∠1+∠2=_____°，
∵∠3=∠1，
∴∠3+∠2=_____°，
也就是∠ADC=90°，
因为 AB、BC、CD、DA 都是同样的长方形的对角线。
所以 AB=BC=CD=DA。

第二步：计算正方形 ABCD 的面积。

方法 1：将它分割成 4 个直角三角形和 1 个小正方形。

算式：_____

方法 2：外面的大正方形减去 4 个直角三角形。

算式：_____

方法 3：_____

算式：_____

你有几种方法说明这个正方形的面积为 5 cm²？开动脑筋，想一想吧！

按照这样的思路，你还能在同样的方格图中画出面积为多少的正方形？（要求：正方形的顶点在格点上）并标出正方形的面积。

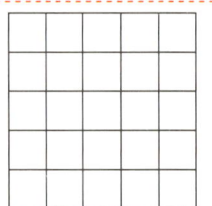 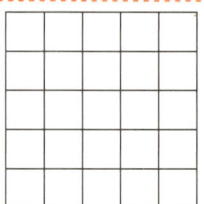

面积：_____   面积：_____

 **知识我会用** 同学们，前面讲的你们都掌握了吗？我来考考你们。

下面几种正方形你画出来了吗？请算出它们的面积。（每个格子的边长为 1 cm）

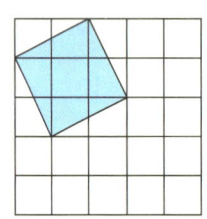   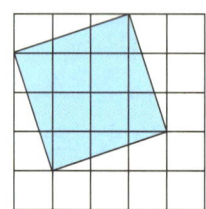

面积：_____   面积：_____

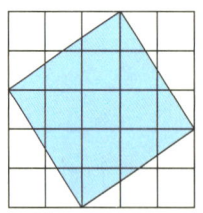   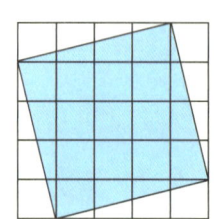

面积：_____   面积：_____

6. 画正方形

智慧小链接

 同学们，前面提到的无理数，你们了解吗？一起来看看。

无理数，即无限不循环小数，不能写作两个整数之比。若将它写成小数形式，小数点之后的数字有无限个，并且不会循环。常见的无理数有非完全平方数的平方根、圆周率 π、自然对数的底 e 等。

公元前 500 年，古希腊毕达哥拉斯学派的希伯索斯发现了一个惊人的事实，一个正方形的对角线与其一边的长度是不可公度的（若正方形的边长为 1，则对角线的长不是一个有理数）。

希伯索斯的发现，第一次向人们揭示了有理数系的缺陷，证明了它不能同连续的无限直线等同看待，有理数并没有布满数轴上所有的点，在数轴上存在着不能用有理数表示的"孔隙"。而这种"孔隙"经后人证明简直多得"不可胜数"。"不可公度量"的发现连同"芝诺悖论"一同被称为数学史上的第一次数学危机，对以后 2000 多年数学的发展产生了深远的影响。

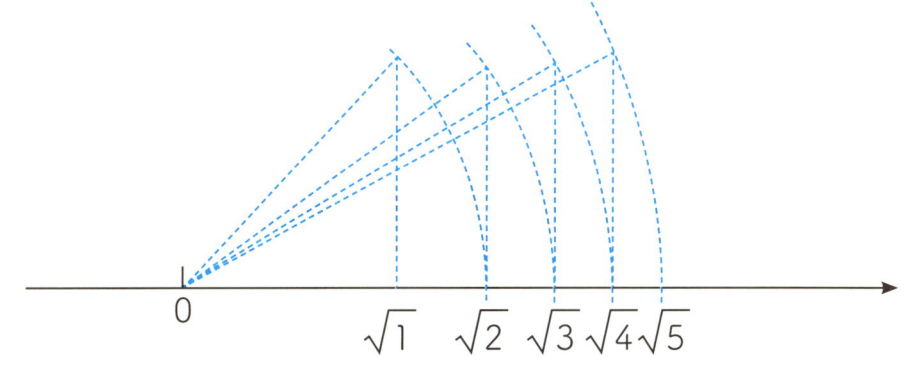

7 裁剪组合正方形

扫码听讲解

数学真奇妙  同学们,今天我们来学习裁剪组合正方形。

动手操作

把下面这两个相同的正方形变成一个较大的正方形。大家有办法吗?来试试吧。

我先来。

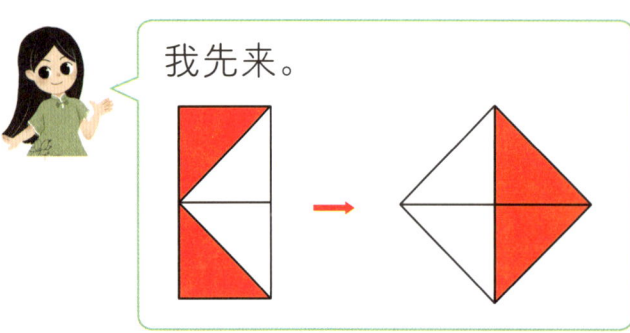

7. 裁剪组合正方形

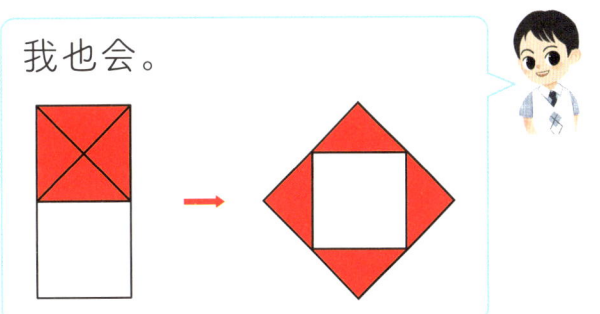

我也会。

太神奇了！那如果是任意大小的两个正方形呢？是不是也可以这样？

我们可以先从简单的开始。你能将一个边长为 1 cm 和一个边长为 2 cm 的正方形通过裁剪组合的方式变成一个更大的正方形吗？

是不是可以将边长为 1 cm 的正方形平均分成 8 份，再跟边长为 2 cm 的正方形组合成一个较大的正方形？

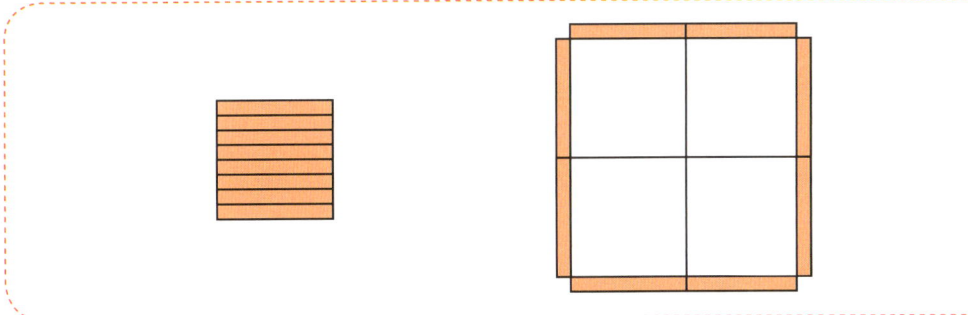

可是这样得到的图形就不是一个正方形了。这样裁剪不行！

你还有什么好办法吗？可以试着将这两个正方形组合起来再思考哦！

  两个大小不同的正方形如何变成一个更大的正方形呢？我们一起来探究。

动手操作

将边长为 1 cm 和边长为 2 cm 的正方形通过裁剪组合的方式变成一个更大的正方形。

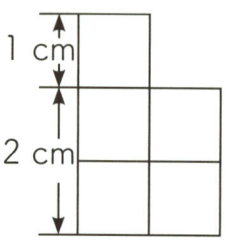

一起来交流

 如右图，通过这样裁剪就可以将阴影部分旋转过去跟原来的图形组合拼成正方形了。

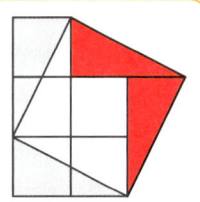

怎么确保这样裁剪出来的是正方形呢？

 因为裁剪得到的这两个直角三角形是一模一样的，它们的两个锐角的度数和都是 90°，并且拼成的大正方形的四条边都是三角形的斜边，都相等，所以这样裁剪得到的图形是正方形。

  同学们，通过前面的探究过程，你们发现了什么？一起来看看。

动手操作

按照前面的方法，将下面的图形通过裁剪组合的方式分别变成一个更大的正方形。

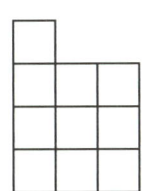 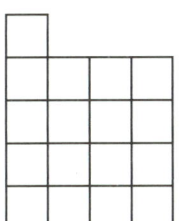 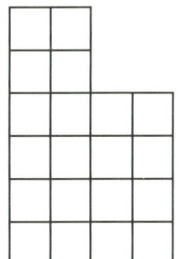

我会，我会。

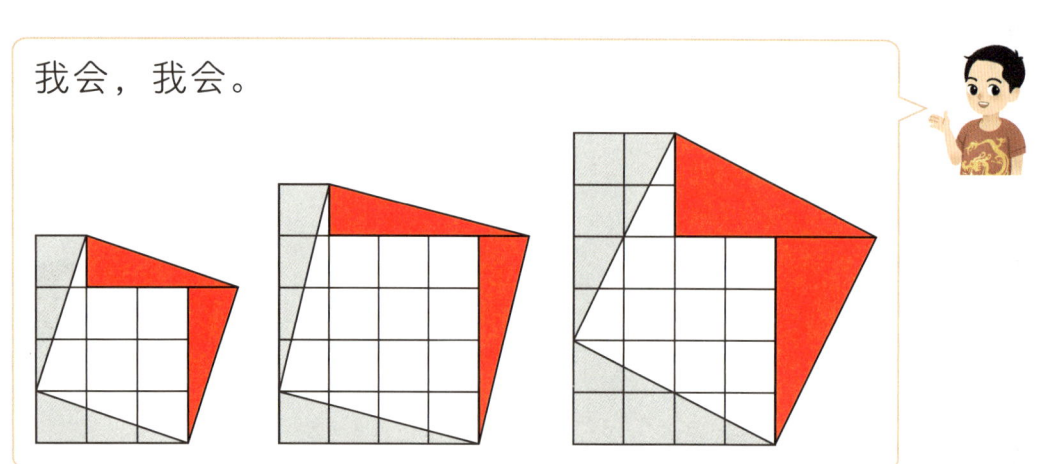

哇！真的都可以用这个方法呢！

不给格子图，你还能成功吗？有什么规律呢？

我发现：_____
_____

7. 裁剪组合正方形

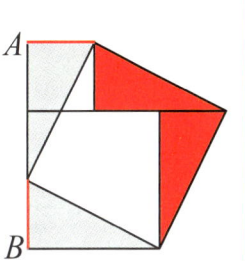

看来，任意两个正方形都可以通过将两者的一条边对齐后进行裁剪组合得到一个大正方形。只要在大小正方形连接的 AB 边上留出与小正方形边长相等的一段，再连接端点得到三角形。通过将这两个三角形旋转后就可以拼成更大的正方形。

你们真会思考！其实，早在 263 年，中国古代著名的数学家刘徽就已经给出这个问题的答案了。

知识我会用

同学们，前面讲的方法你们都掌握了吗？我来考考你们。

如下图所示，一个正方形和一个斜边紧贴正方形的等腰直角三角形是否可以裁剪组合成一个大的正方形？

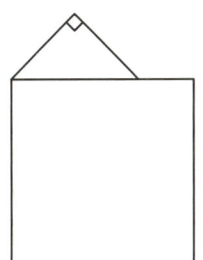

 像这样的问题,你们知道数学家刘徽是怎么解决的吗?来看看吧。

刘徽(225?—295?),魏晋时期伟大的数学家,中国古典数学理论的奠基人之一。他是中国最早明确主张用逻辑推理的方式来论证数学命题的人。他的著作《九章算术注》和《海岛算经》是宝贵的数学遗产。

刘徽主张:"勾自乘为朱方,股自乘为青方,令出入相补,各从其类,因就其余不动也,合成弦方之幂。"

其大意为:以直角三角形的较短直角边为边作红色正方形,称为朱方;以较长直角边为边作青色正方形,称为青方。将朱方、青方按下图所画的相对位置进行组合,构成一个平面图形。然后,按图中所画的方式分割这个平面图形,再重新组合,恰好能合成一个以同一个直角三角形的斜边为边的正方形。

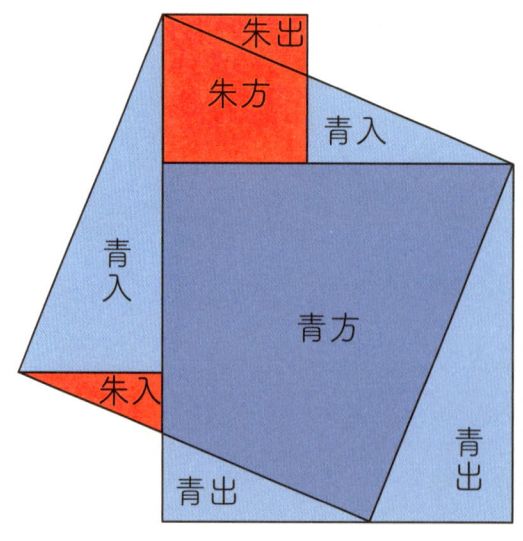

8 怎么围最大

数学真奇妙  同学们,今天我们来探究一下怎么围最大这个问题。

动手操作

这里有长为 120 m 的栅栏,要围成一个羊圈,怎么围才能使面积最大呢?把你的想法画出来,并算一算面积。

一起来交流

 这还不简单!围成正方形!

我列举了以下几种情况,请你来算一算面积。

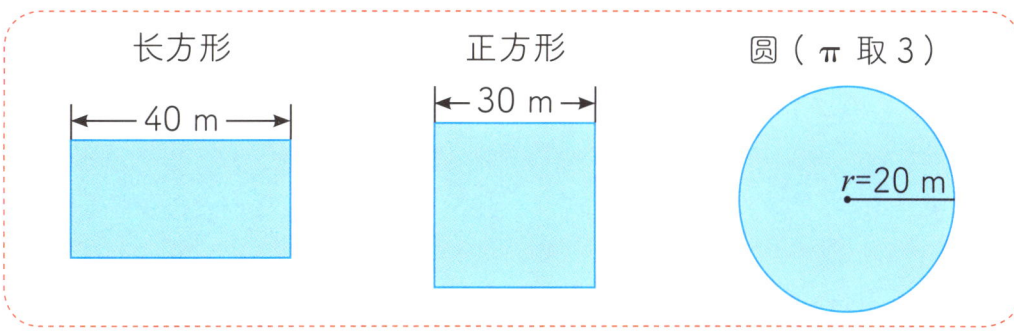

长方形　　　正方形　　　圆（π 取 3）
40 m　　　　30 m　　　　r = 20 m

长方形的面积：_____
正方形的面积：_____
圆的面积：_____

通过计算，哪种图形的面积最大？你有什么发现？

围成正方形比围成长方形面积大，围成圆形面积最大。

动手来探究

同学们，到底怎么围才能使面积最大呢？我们一起来探究。

动手操作

将长为 120 m 的栅栏围成一个羊圈，一边需要靠墙，怎么围才能使面积最大呢？（π 取 3）

一起来交流

根据前面的分析,肯定是围成圆形面积最大!不过有一边靠墙,只能围成半圆形了。

如果是围成长方形的话,也是正方形面积最大吗?一起来算一算吧。

半圆形　　　长方形　　　正方形

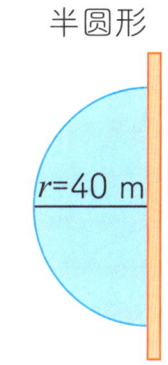
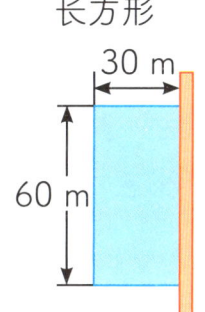
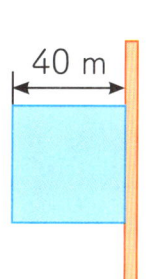

通过计算,哪种图形的面积最大?你有什么发现?

围成半圆形面积最大,为 2400 m²。而且半圆的面积是之前圆的面积的 2 倍。

这次围成长方形比围成正方形面积大。好神奇啊!

利用穿墙术，补成完整图形：

补成圆形   补成正方形   补成长方形

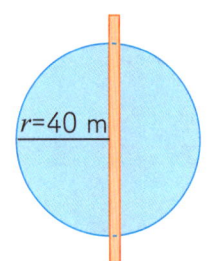 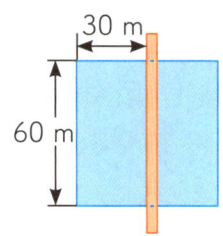 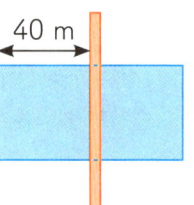

半圆形补成圆形的面积：40×40×3=4800（m²）；
长方形补成正方形的面积：60×60=3600（m²）；
正方形补成长方形的面积：40×80=3200（m²）。

圆的半径为 40 m，是之前的 2 倍，那么面积会变成之前的 4 倍。切成半圆之后就是之前的 2 倍。

 所以围成的面积还是圆＞正方形＞长方形。

  同学们，通过前面的探究，你们发现了什么？一起来看看。

神奇大揭秘

动手操作

将长为 120 m 的栅栏围成一个羊圈，有两边需要靠墙，怎么围才能使面积最大呢？（π 取 3）

一起来交流

 要考虑墙壁的夹角哦!

当墙壁的夹角为直角时:

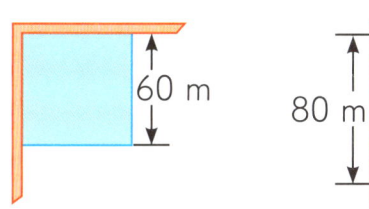

围成正方形的面积:60×60＝3600(m²);
围成扇形的面积:80²π÷4＝4800(m²)。
围成扇形面积大,即还是围成圆形面积最大。

在墙壁夹角为90°和45°两种情况下,哪种面积会更大一些呢?

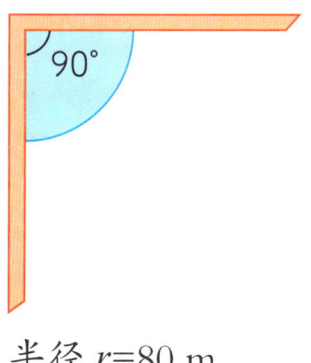

半径 r=80 m

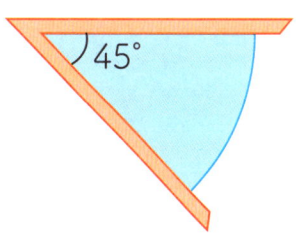

半径 r=160 m

我觉得墙壁夹角是 90° 时围成的面积比较大，但是看图示又觉得墙壁夹角是 45° 时围成的面积比较大。

别着急，我们来算一算。

当墙壁夹角为 90° 时，$r=80$ m，
$S_1=80^2\pi \div 4=1600\pi=4800$（$m^2$）；

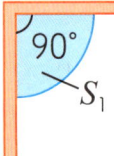
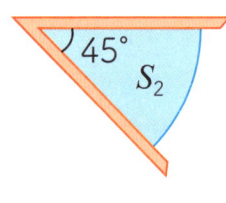

当墙壁夹角为 45° 时，$r=160$ m，
$S_2=160^2\pi \div 8=3200\pi=9600$（$m^2$）。
$S_2>S_1$，因此当墙壁夹角为 45° 时围成的扇形的面积更大。

墙壁的夹角越小，围成的扇形的半径就越大，相应的，扇形的面积也会越大。

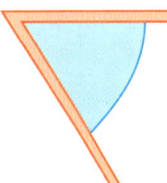
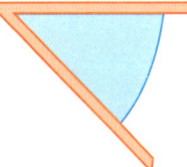
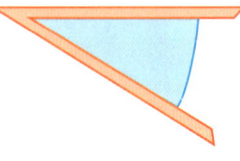

知识我会用  同学们，前面讲的方法你们都学会了吗？我来考考你们。

用篱笆围成一个正方形养鸡场，一边靠墙，另外三边用篱笆围成。篱笆总长为 60 m。

（1）养鸡场的面积是多少平方米？

（2）如果用这一篱笆围成一个最大的长方形养鸡场，那么面积又是多少？

智慧小链接  同学们，不同图形的面积计算公式你们还记得吗？来看看吧。

正方形：$S=a^2$（a 是边长）；

长方形：$S=ab$（a 是长，b 是宽）；

三角形：$S=\dfrac{1}{2}ah$（a 是底边，h 是高）；

圆：$S=\pi r^2$（r 是半径）；

扇形：$S=\dfrac{\alpha}{360°}\pi r^2$（$\alpha$ 是扇形的角度）。

9 一亩三分地

扫码听讲解

数学真奇妙  同学们,听说过"一亩三分地"这个词吗?你们知道它到底有多大呢?

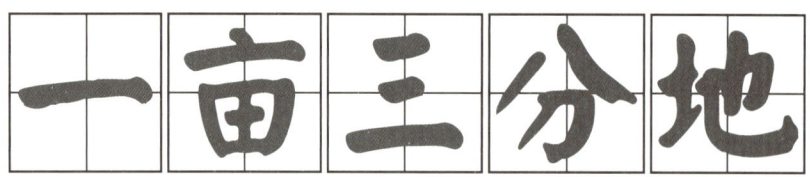

一起来交流

 我们先来了解一下我国古代的土地面积单位和长度单位吧。

中国古代的土地面积单位

亩、分、厘是中国传统的土地面积单位。

1亩 =10分;1分 =10厘。

中国古代的长度单位

丈、尺、寸是中国传统的长度单位。

1丈 =10尺;1尺 =10寸。

那"亩"到底是多大?"尺"又是多长呢?

是的，是的，我有听说过"亩"，但我不知道它有多大。

别着急，我们先来看看面积的单位换算。

面积的单位换算

中国规定的土地面积单位有三个：平方千米（km^2）、公顷（hm^2）、平方米（m^2）。

$1\ km^2 = 100\ hm^2 = 1000000\ m^2$；

$1\ hm^2 = 10000\ m^2$；1 公顷 = 15 亩；

1 亩 = $10000\ m^2 \div 15 \approx 666.667\ m^2$。

  同学们，"一亩三分地"到底有多大呢？我们一起来探究。

动手操作

根据前面讲的面积单位换算关系，填一填。

1 亩 = _____ m^2，1 分 = _____ m^2；

1 亩 3 分 = _____ m^2。

> 一起来交流

 在填空之前，我先给你们讲讲"亩"的来历。

井田制

井田制度是中国古代社会的土地国有制度。西周时期，道路和渠道纵横交错，把土地分隔成方块，形状像"井"字，因此称作"井田"。

井田制百步为亩（宽一步、长百步）。秦国商鞅变法时废井田，以二百四十步为一亩。

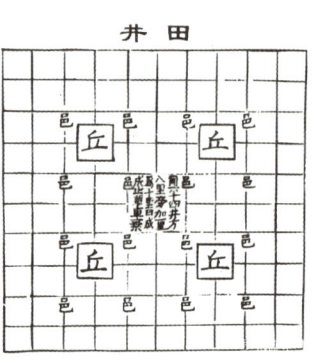

我来画一画。

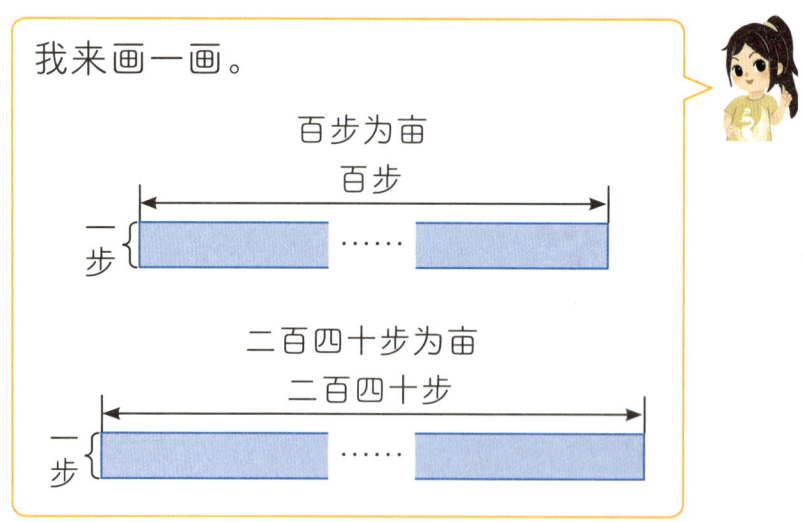

 慧慧画得不错！同学们，你们明白了吗？

神奇大揭秘

 同学们,古代的"亩"和现代的"亩"不一样哦!来看看吧。

一起来交流

 我们先来看看历代亩广尺度表和历代亩广步度表。

历代亩广尺度表

时期	1尺长度（换算单位：cm）	1亩（换算单位：m^2）	注释
商周	约 16.95 cm（考古实测标准值）	约 184 m^2（推算数据）	后世推算：一步八尺余（约 135.6 cm）
秦汉	约 23.1 cm（考古实测标准值）	大亩约 461 m^2（标准）小亩约 192 m^2	一步六尺（约 138.6 cm）
隋唐	约 30 cm（取整，或 29~31 cm）	约 540 m^2（标准）	一步五尺（约 150 cm）
明清	约 32 cm（取整，或 31~33 cm）	约 614.4 m^2（推算数据）	沿用隋唐制度
现代	约 33.333 cm（1 m = 3 尺）	约 666.667 m^2	1 公顷 = 10000 m^2 = 15 亩

虽然汉武帝时规定以二百四十步为一亩，但是历代度量衡的实际值皆有不同程度的变化。若是直接以步幅来计算亩广，则如下表：

历代亩广步度表

步幅	百步为亩	二百四十步为亩	注释
一步 1.45 m	210.25 m^2	504.6 m^2	先秦六尺四寸一步
一步 1.4 m	196 m^2	470.4 m^2	秦汉六尺一步
一步 1.5 m	225 m^2	540 m^2	隋唐五尺一步
一步 1.4433757 m	略	500 m^2	1 公顷 =20 亩

"亩"作为一个土地面积单位，在历史的演变中也是不断变化的。

我们现在都是把"亩"看作正方形来计算的。

一亩见长（古代）　　一亩见方（现代）

编者按：以上两图为示意图，方便同学们理解"一亩见长"和"一亩见方"两个词。

9. 一亩三分地

那现在你们知道"一亩三分地"到底有多大了吗?

 按现在的标准计算就是:
1 亩 ≈ 666.667 m²,
1 分 = 666.667 m² ÷ 10 = 66.6667 m²,
1.3 亩 = 666.667 m² + 66.6667 m² × 3 = 866.6671 m²。
你们算出来了吗?

知识我会用  同学们,前面讲的方法你们都学会了吗?我来考考你们。

一辆洒水车,每分钟行驶 200 m,洒水宽度是 10 m。洒水车行驶 1 小时,能洒多少公顷的路面?相当于多少亩?

 同学们，下面我们来了解一下中国古代的计量器具吧。

中国古代计量器具——度量衡

度量衡，是指在日常生活中用于计量物体长短、容积、轻重的器具的统称。

度　　　　　　　　量　　　　　　　　衡

度——计量长短用的器具。

古时是以人身体的某个部分或某种动作作为命名依据的，有寸、咫、尺、丈、寻、常、仞等。尺是长度的基本单位。一尺的长度与一手的长相近，因此古时就有"布手知尺"的说法。

量——测定计算容积的器皿。

量器是封建社会计量农产品多少的主要器具，有升、斗、斛、豆、区、釜、钟，以及溢、掬等。周代以前容量单位也是用人的身体计量，以一手所能盛的叫作溢，两手合盛的叫作掬，掬是最初基本的容量单位。

衡——测量物体轻重的工具。

铢、两、斤、钧、石五者都用作重量的单位。其进位方法是：二十四铢为一两，十六两为一斤，三十斤为一钧，四钧为一石。

10 三角形最多的个数

扫码听讲解

数学真奇妙

同学们,今天我们来探究三角形最多的个数这个问题。

一起来交流

把一个三角形的厚纸板沿某条直线切割一次,将它分成若干个新的多边形,问其中最多有几个三角形?

这问题也太简单了吧,肯定是2个呀!

我也是这么认为的!

动手来探究

同学们,你们觉得华华说得对吗?我们一起来探究一下。

动手操作

❶ 请试着将下面的三角形沿着直线切割一次,看看最多能得到几个三角形?(还可以多画几个三角形试一试)

 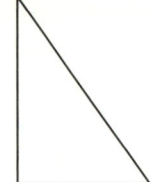 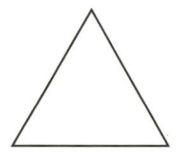

我发现：一个三角形最多能分割出（　　）个三角形。

那如果是四边形呢？最多能分割出几个三角形？

❷ 请试着画出几个四边形，沿着直线分别切割一次，看看最多能得到几个三角形？

我发现：一个四边形最多能分割出（　　）个三角形。

 ❶ 一个三角形最多能分割出 2 个三角形；❷ 一个四边形我最多也只能分割出 2 个三角形，你们呢？

第 ❷ 题不止 2 个哦！

10.三角形最多的个数

我发现啦,一个四边形最多可以分割出3个三角形!

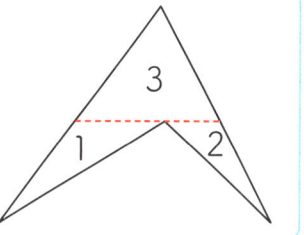

你太棒了,打破了思维的束缚,找到了分割出3个三角形的办法!
我们常见的长方形、正方形、平行四边形、梯形等都是凸多边形,而像侨侨画的这样的四边形叫作凹四边形。
现在你能独立研究五边形了吗?

请试着画出几个五边形,沿着直线分别切割一次,看看最多能得到几个三角形?

我发现:一个五边形最多能分割出(　　)个三角形。

嗯,我把五边形也画成凹五边形。我发现,一个五边形最多能分割出3个三角形。

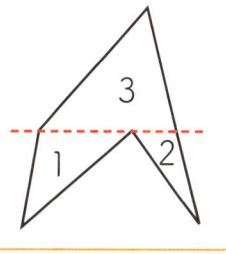

请你继续研究。

同学们，通过前面的探究过程，你们发现了什么？一起来看看。

动手操作

请试着画出几个五边形、六边形、七边形、八边形，沿着直线分别切割一次，看看不同的多边形分别最多能得到几个三角形？

大家都做完了吗？请把研究出来的数据填入下面的表格中，看看有什么发现。

10. 三角形最多的个数

图形	三角形	四边形	五边形	六边形	七边形	八边形
分割出的三角形个数						

我的发现：_____
_____

我先填一填。

图形	三角形	四边形	五边形	六边形	七边形	八边形
分割出的三角形个数	2	3	3	4	4	5

如果切割的是一个 n 边形，那么它最多能分割出几个三角形呢？

 我知道了，如果 n 是偶数，最多可以分割出 $n \div 2 + 1$ 个三角形；如果 n 是奇数，最多可以分割出 $(n+1) \div 2$ 个三角形。

原来通过从简单的问题入手，一步一步研究，我们就能找到规律，解决复杂的数学问题。

知识我会用

 同学们，你们能模仿刚才我们解决问题的过程继续来研究吗？试试吧。

一个正方形的内部有100个点，以正方形的4个顶点及这100个点为顶点相互连线（这些线不能重叠），把正方形分割成一些小三角形。这些小三角形一共有多少个？

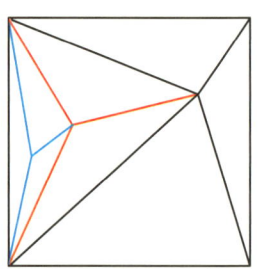

智慧小链接

 同学们，你们知道凹四边形与凸四边形的区别吗？一起来看看。

凹四边形有且仅有一个角大于180°，但小于360°；其余三个角中，与最大角相邻的两个角一定是锐角；最大角的对角可以是锐角、直角或钝角。最大角对应的外角等于其他三个内角之和。

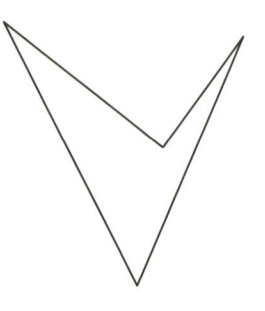

11 三角形面积的等分

数学真奇妙  同学们,今天我们来探究三角形面积的等分这个问题。

动手操作

请在△ABC中,画出面积为它的 $\frac{1}{2}$ 的三角形。想一想你有几种画法,动手试一试吧。

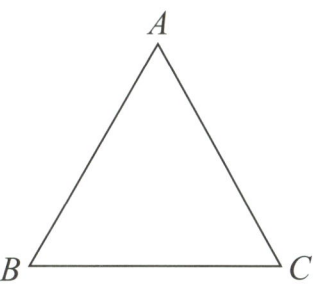

 这个简单!只要选择其中一条边,取其中点,连接对应的顶点就行啦!

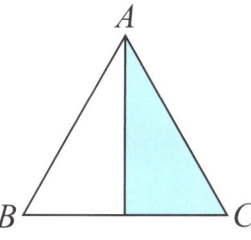 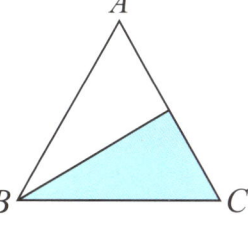 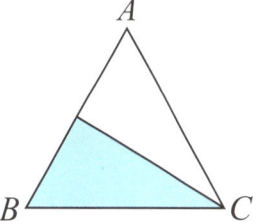

那要画出面积为原来三角形面积的 $\frac{1}{3}$ 的三角形呢？你会吗？快来试一试吧！

 同学们，如何对三角形的面积进行等分呢？我们一起来探究。

动手来探究

动手操作

请在△ABC中，画出面积为它的 $\frac{1}{3}$ 的三角形。

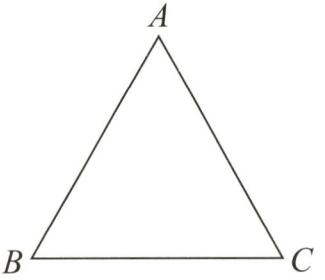

一起来交流

我会！只要将 BC 边平均分成 3 份，再将两个等分点分别与点 A 相连就可以了。

 除了 BC 边，我们还可以将 AB、AC 两条边三等分。

11. 三角形面积的等分

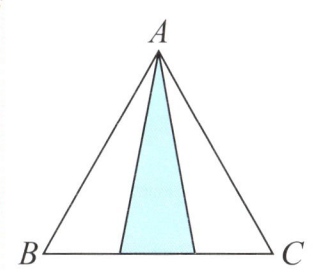 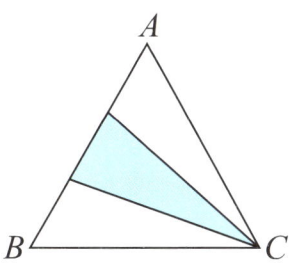 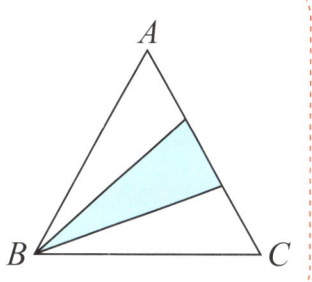

为什么将一条边三等分，再将两个等分点分别与对应的顶点连接，就能将这个三角形的面积三等分呢？

如图，在△ABC中，D、F是BC的三等分点，AE垂直BC于点E。

△ABC 的面积 $= \frac{1}{2} BC \times AE$；

△ADF 的面积 $= \frac{1}{2} DF \times AE$。

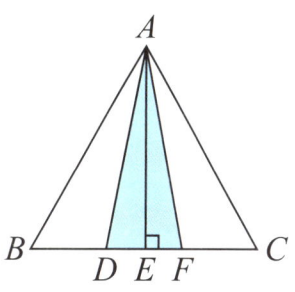

我知道了，因为△ABC和△ADF的高都是AE，而 $DF = \frac{1}{3} BC$，所以△ADF的面积是△ABC面积的 $\frac{1}{3}$。

按照这样的方式，三角形面积的 $\frac{1}{4}$、$\frac{1}{5}$、$\frac{1}{6}$……你会画了吗？试一试！

 同学们，通过前面的探究过程，你们发现了什么？一起来看看。

动手操作

请在△ABC中，分别画出面积为它的 $\frac{1}{4}$、$\frac{1}{5}$、$\frac{1}{6}$ 的三角形。

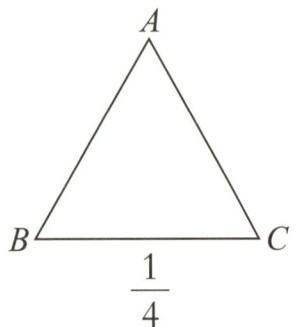
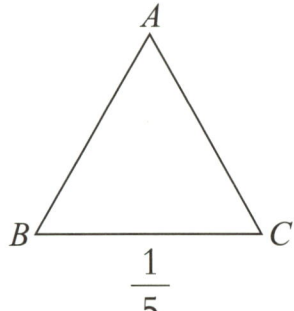
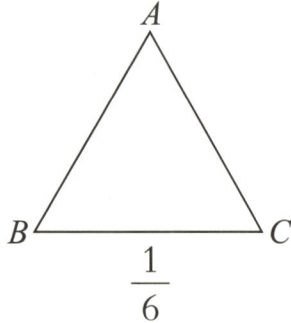

一起来交流

先将△ABC的任意一条边四等分，再将所有等分点分别与对应的顶点连接，得到的任意一个小三角形的面积都是原三角形面积的 $\frac{1}{4}$。

先将△ABC的任意一条边五等分，再将所有等分点分别与对应的顶点连接，得到的任意一个小三角形的面积都是原三角形面积的 $\frac{1}{5}$。要画出原三角形面积的 $\frac{1}{6}$、$\frac{1}{7}$、…的三角形，以此类推即可。

现在,我来总结一下。三角形面积等分的规律:将三角形的任意一条边按要求几等分,再将所有的等分点分别与对应的顶点相连,得到的任意一个小三角形的面积都是原三角形面积的几分之一。

下面我们换一种问法,你还会吗?

如图,在△ABC中,将边BC三等分,则涂色部分的面积占△ABC面积的几分之几?

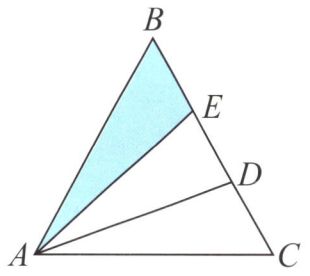

因为 $BE=\dfrac{1}{3}BC$,所以△ABE(涂色部分)的面积是△ABC面积的 $\dfrac{1}{3}$。其实我们无须计算△ABC和△ABE的面积,利用规律就能找到它们之间的关系。

是的!利用三角形面积等分的规律,我们不用具体计算三角形的面积,只要找到两个等高三角形底边之间的关系就可以了!

 同学们，前面讲的方法你们都掌握了吗？我来考考你们。

如图，在△ABC中，E是AB的中点，D、F是BC的三等分点，请问：涂色部分的面积占△ABC面积的几分之几？

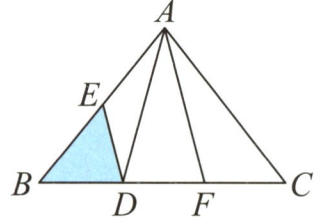

 同学们，我们来深入总结一下三角形面积的等分关系。

在一个三角形中，如果有一个点在其任意一条边的a等分点处，有另外一个点在其另外两条边中的任意一边的b等分点处，那么连接这两个点得到的小三角形的面积就是原三角形面积的$\dfrac{1}{ab}$。

如图，在△ABC中，

若$AE=\dfrac{1}{a}AB$，$AF=\dfrac{1}{b}AC$，

则$S_{\triangle AEF}=\dfrac{1}{ab}S_{\triangle ABC}$。

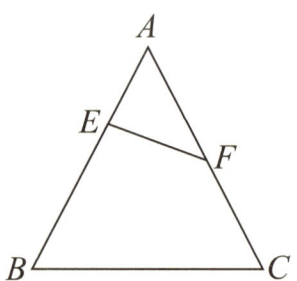

12 蝴蝶原理

  大家知道吗？大自然中有美丽的蝴蝶，我们数学中有蝴蝶原理呢！

动手操作

下面的图中，这两个涂色的三角形的面积相等吗？为什么？

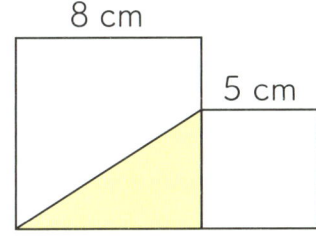 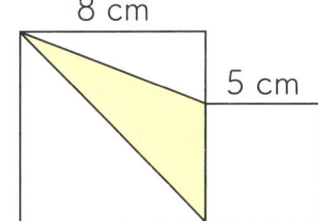

一起来交流

 相等。因为这两个三角形的底都是 5 cm，高都是 8 cm，所以面积相等。

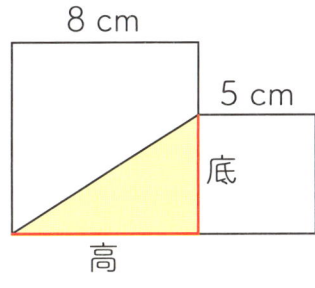 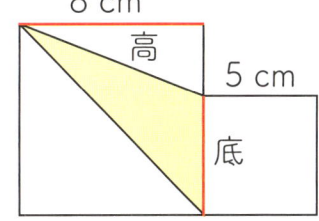

我把两个图叠在了一起，我们来看看。

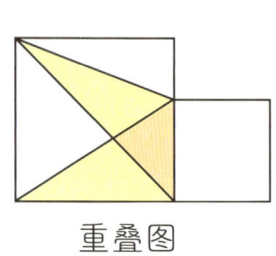
重叠图

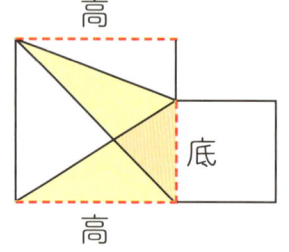
高　底　高

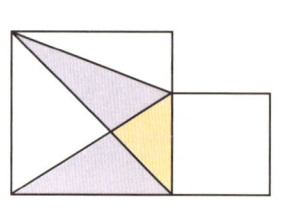

哇，这个图形好像蝴蝶呀！

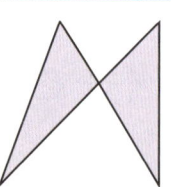

将题中的两个图形完全重叠，得到等底等高的两个三角形，再去掉重叠处的一个三角形，剩下的图形面积相等，且形似蝴蝶，因此我们称之为"蝴蝶定理"，也叫"蝴蝶原理"。

动手来探究

"蝴蝶原理"中的图形既面积相等，又形似蝴蝶，是不是很神奇？

动手操作

你能在下面各图中分别找到蝴蝶状图形吗？请涂一涂。

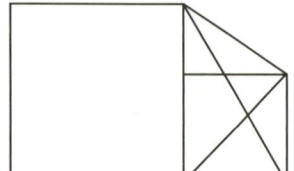
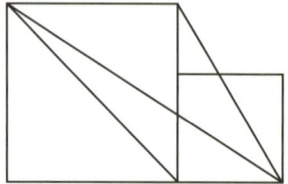
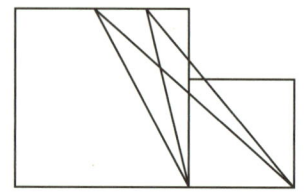

12. 蝴蝶原理

一起来交流

我来。这些图形中两个对应三角形的面积都相等，去掉同样的小三角形，就能得到蝴蝶状图形了。

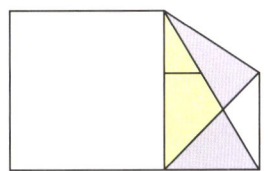 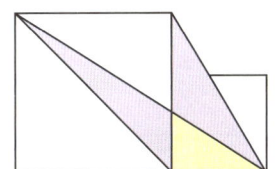 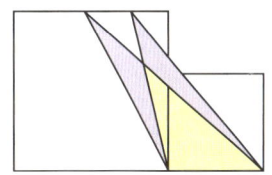

只要在平行线之间找到这些三角形，就能保证是等底等高的情况。

你们都很善于观察。那你会创造蝴蝶状图形吗？

 通过前面的探究过程，你们发现"蝴蝶原理"的秘密了吗？来看看吧。

动手操作

在下面各图中创造蝴蝶状图形。先画一画，再涂一涂。

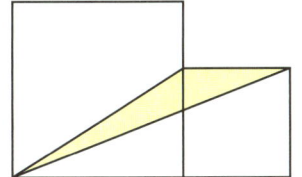 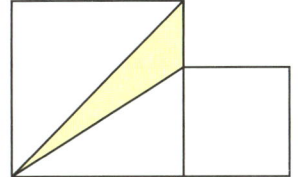 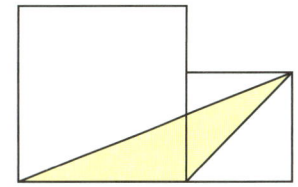

第一步：先选定一条相同的底边。

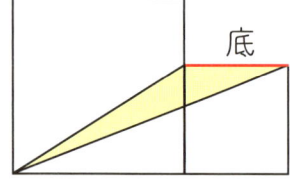 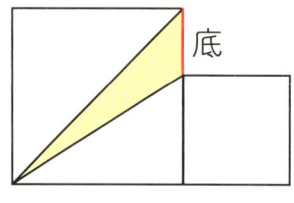 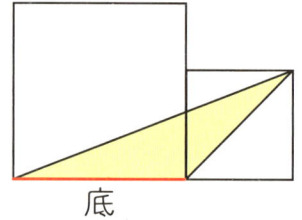

第二步：想要高相等，就在一组平行线之间找相等的高。

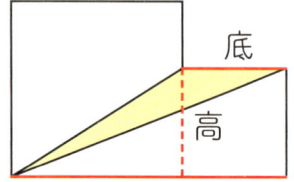 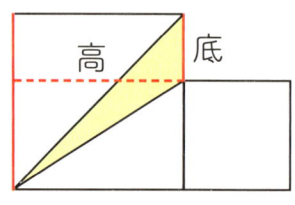 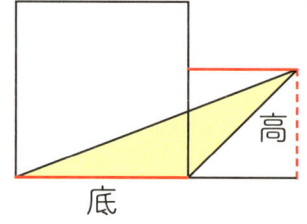

第三步：画出与已有三角形等底等高的三角形，再涂出蝴蝶状图形。不止一种情况哦，自己试一试。

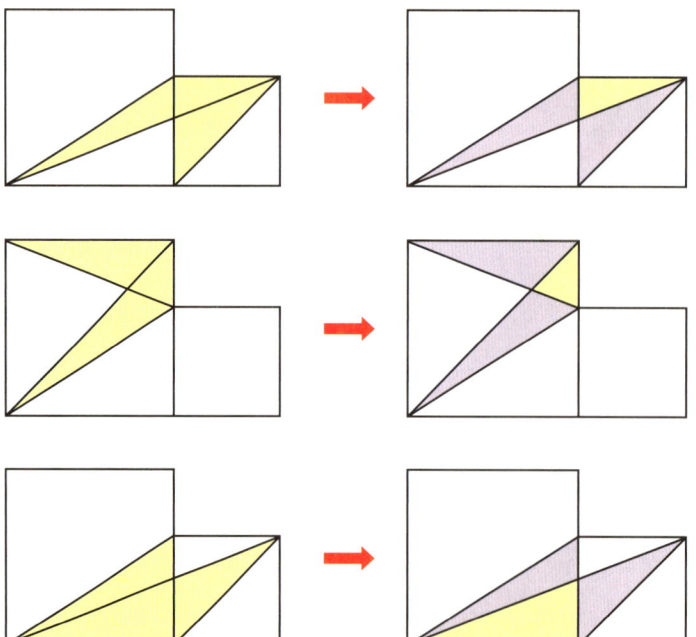

你们画对了吗？运用"蝴蝶原理"还可以将一些不规则的图形面积转化成条件已知的图形面积，从而最终解决问题，获得解答。

如图，小正方形的边长为 5 cm，大正方形的边长为 8 cm，求涂色部分的面积。

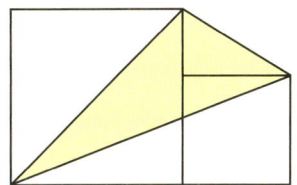

这个涂色三角形的底和高都不知道，怎么能求出面积呢？

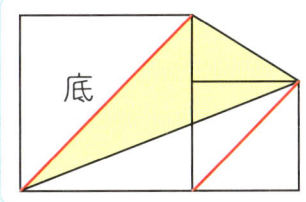

我们可以选定涂色三角形的一条边为底，找等高的三角形，创造蝴蝶状图形哦！

我想到了。如图（1），连接小正方形的对角线，以大正方形的对角线为底，创造蝴蝶状图形。根据"蝴蝶原理"，图中两个红色三角形的面积是相等的，因此求不规则三角形的面积可以转化成求图（2）中已知底和高的三角形（红色边框围成的三角形）的面积。

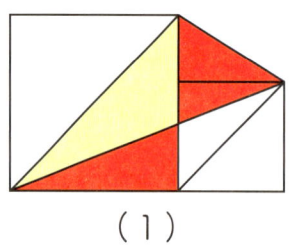

（1）

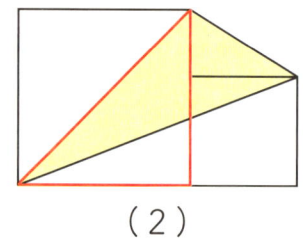

（2）

我来算一算：$8×8÷2=32$（cm^2），即涂色部分的面积是 32 cm^2。

知识我会用

同学们，前面讲的方法你们都学会了吗？我来考考你们。

如图，三角形的两个顶点分别在两个正方形对角线的交点处，两个正方形的边长分别为 8 cm 和 5 cm，求涂色部分的面积。

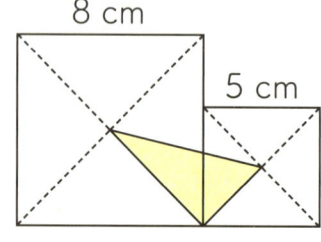

智慧小链接  你们知道吗？除了"蝴蝶原理"，还有"蝴蝶效应"呢！来看看吧。

"蝴蝶效应"是美国气象学家爱德华·洛伦兹于1963年提出的，在之后的演讲和论文中他用了更加有诗意的蝴蝶。对于这个

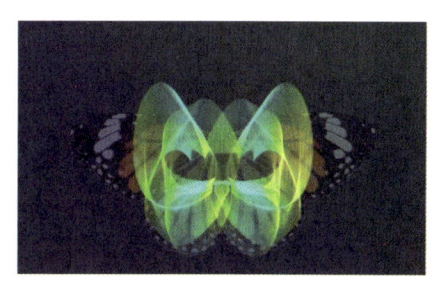

效应最常见的阐述是："一只南美洲亚马孙河流域热带雨林中的蝴蝶，偶尔扇动几下翅膀，可以在两周以后引起美国得克萨斯州的一场龙卷风。"其原因就是蝴蝶扇动翅膀的动作，使得其身边的空气系统发生变化，并产生微弱的气流，而微弱气流的产生又会引起四周空气或其他系统产生相应的变化，由此引起连锁反应，最终导致其他系统的极大变化。"蝴蝶效应"在社会学界用来说明，一个看似微小的机制，如果没有及时干预、引导、调整，会给社会带来很大的影响，或好或坏。

13 格点与面积

扫码听讲解

数学真奇妙  同学们，今天我们学习格点与面积。开讲之前，先来看看什么是点线画。

一起来交流

 如图，将点连接起来就能画出可爱的小动物，这就是有趣的点线画。

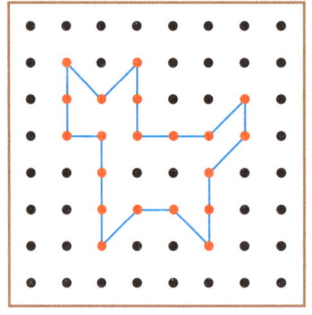

点线画里还藏着有意思的数学秘密呢！你们想知道吗？

假如格点间距均为 1 cm，那么图中小动物的面积是多少？你想用什么方法来计算？

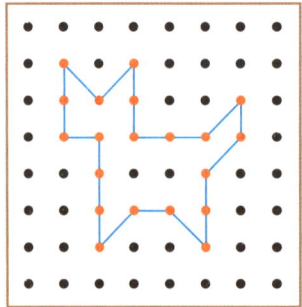

我是将小动物图中有三角形的地方都割下来,再拼在一起,变成一个个小正方形,然后进行计算。
列式:$1×1×11=11$(cm^2)。

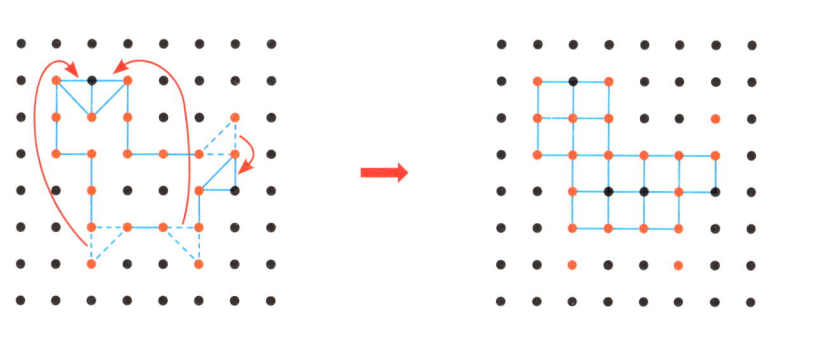

我是把小动物图全部分割成小三角形,然后数一数一共有几个三角形来计算的。
列式:$\frac{1}{2}×1×1×22=11$(cm^2)。

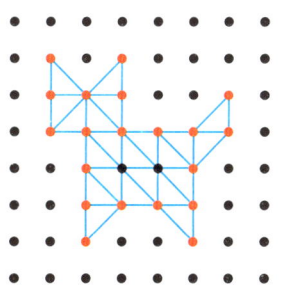

你们都很有想法!像下面这样的图形面积你们还会算吗?试一试吧。

如图，假如格点间距均为 1 cm，求涂色图形 ABCD 的面积。

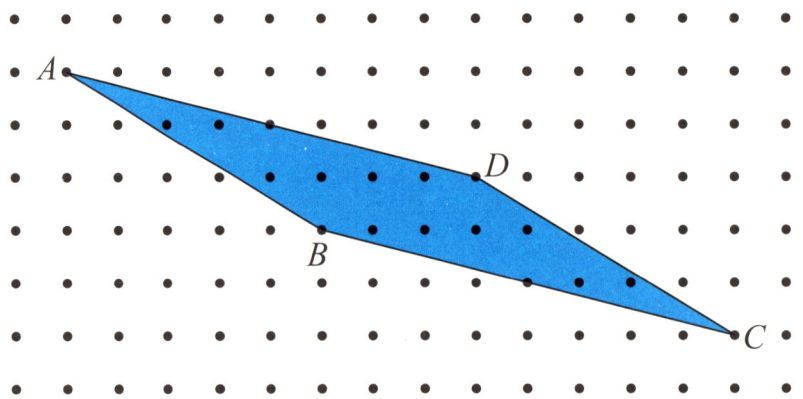

这个图形面积太难求了，没办法用割补的方法拼成规则图形呢。

是啊，也没办法分割成小的等腰直角三角形。

不要着急，像这样的图形，我们一样有办法来计算。只要找到面积与格点之间的秘密，问题就迎刃而解啦。

13. 格点与面积

  同学们,我们从最简单的情况开始,一起来探究吧。

动手操作

如图,格点间距均为 1 cm。图(1)中这三个图形的面积分别是多少?你还能再画一些和图(1)中图形面积一样的图形吗?请在图(2)的格点中画出。

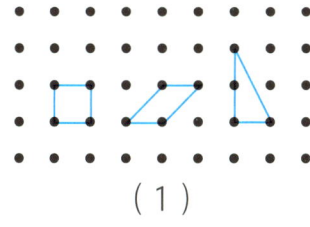

(1)

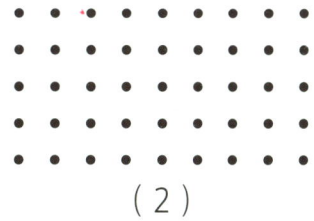

(2)

一起来交流

 我先来算一算。图(1)中三个图形的面积都是 1 cm², 太神奇了!

仔细观察这些面积是 1 cm² 的图形,它们有什么特点呢?

 我发现这些图形只有四边形和三角形两种情况。

我发现每个图形的边上都只有4个格点！

如果格点数变得更多，那么又会有什么规律？为了方便研究，我们把图形分成内部不包含格点和内部包含格点两类。

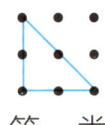   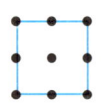

第一类　　　　第二类

神奇大揭秘  同学们，通过前面的探究过程，你们发现了什么？来看看吧。

动手操作

在每格宽度为 1 cm 的格点图中，创造中间没有格点的图形，并分别记录它们的边界格点数及面积，看看有什么发现。（面积尽量不相同）

13. 格点与面积

图形编号	①	②	③	④	⑤	⑥
边界格点数（个）						
面积（cm²）						

观察上面的数据，我发现：_____
_____

一起来交流

我发现，面积＝边界格点数 ÷2－1。

我发现，面积＝（边界格点数－2）÷2。

是的，这两种表达结果是一样的。那是不是同类的图形都符合呢？你们可以再画几个图形进行验证。

如果图形的内部有格点，那么又有什么规律呢？

在每格宽度为 1 cm 的格点图中，创造边界格点数是 10，内部有格点的图形，并分别计算它们的面积填入下表，看看有什么发现。（内部格点数尽量不同）

. . . .
. . . .
. . . .
. . . .
. . . .
. . . .
. . . .
. . . .
. . . .

图形编号	①	②	③	④	⑤	⑥
边界格点数（个）	10	10	10	10	10	10
内部格点数（个）						
面积（cm²）						

我发现：_____

_____

一起来交流

请同学们仔细观察上表的数据，它们存在什么规律？

这个和刚才的结论有点不一样，我发现，面积＝边界格点数÷2－1＋内部格点数。

是的，我也发现了。这个公式还可以这样写：面积＝（边界格点数－2）÷2＋内部格点数。

13. 格点与面积

真能干！你们都找到了这里面的秘密。但这样的规律适用于其他边界格点数不是 10 的图形吗？

在每格宽度为 1 cm 的格点图中，创造边界格点数不是 10，内部有格点的图形，并分别计算它们的面积填入下表，看看有什么发现。（内部格点数尽量不同）

图形编号	①	②	③	④	⑤	⑥
边界格点数（个）						
内部格点数（个）						
面积（cm²）						

我发现：_____

我画的是边界格点数是 8，内部格点数是 2 的图形，面积＝8÷2－1＋2＝5（cm²），因此上面的结论是正确的！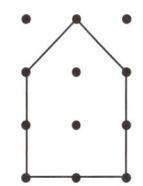

 同学们，现在前面的难题你们可以解决了吗？来试试吧。

如图，假如格点间距均为 1 cm，求涂色图形 ABCD 的面积。

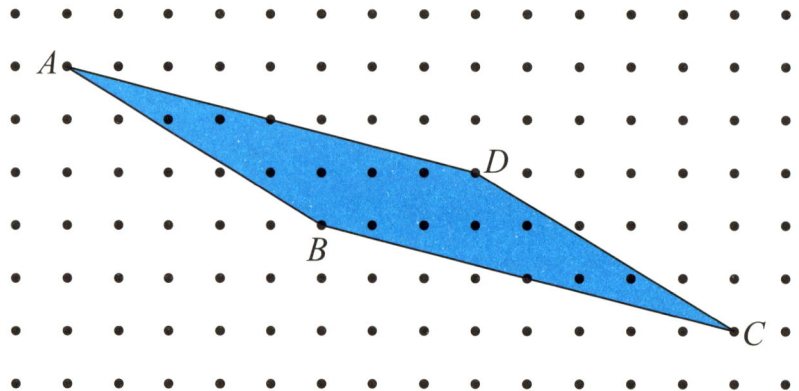

 同学们，我们前面得出的面积公式被称为"皮克定理"哦！来看看吧。

"皮克定理"，一个计算点阵中顶点在格点上的多边形面积的公式，该公式可以表示为 $S=a+b\div 2-1$，其中 a 表示多边形内部的格点数，b 表示多边形落在格点边界上的格

点数，S 表示多边形的面积。这个公式是奥地利数学家皮克（1859—1943）于 1899 年给出的。"皮克定理"曾被誉为"史上最重要的 100 个数学定理之一"。

下面我们利用"皮克定理"计算点阵中多边形的面积并验证它的正确性：

计算下图点阵中多边形的面积。（每格宽度为 1 cm）

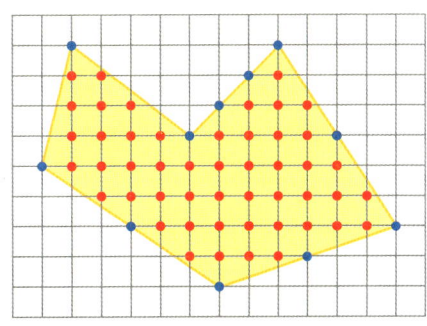

利用"皮克定理"：$S=a+b\div 2-1$。

在上图中，$a=49$，$b=11$，

因此多边形面积 $S=49+11\div 2-1=53.5$（cm^2）。

我们通过间接计算的方法来验证这个结果：

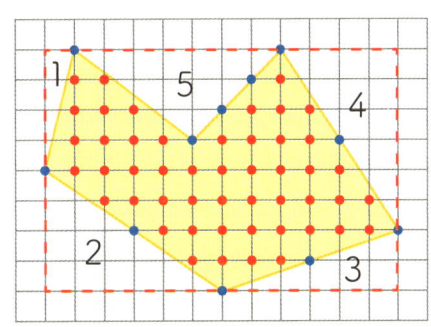

$S=S_{长方形}-(S_1+S_2+S_3+S_4+S_5)$

　$=12\times 8-(1\times 4\div 2+6\times 4\div 2+6\times 2\div 2+6\times 4\div 2+7\times 3\div 2)$

　$=96-(2+12+6+12+10.5)$

　$=96-42.5$

　$=53.5$（cm^2）

你们看，用"皮克定理"是不是更简便？

14 过桥问题

扫码听讲解

数学真奇妙  同学们，今天我们一起来研究一下过桥问题。

动手操作

一天，老师、华华、佳佳、博士等一行人乘坐校车出去郊游，途中经过一座大桥。

已知校车的车速是每分钟1200米，在桥上一共行驶了2分钟，请问这座桥全长多少米？

14. 过桥问题

一起来交流

这座桥可真长呀！有谁知道这座桥有多长吗？

我记得这座桥的总长是240米。

不对不对，我记得在桥上我们全程行驶了2分钟，不可能是240米。

可以根据"路程＝速度×时间"来解决这个问题。列算式为：1200×2＝2400（米）。

我记错了，应该是2400米。这座桥确实长！

假设现在我们乘坐的是一列火车，要完全通过这座桥，你们会计算时间吗？

那还不简单，用"时间＝路程÷速度"来计算就可以啊！你们觉得呢？

动手来探究 同学们，佳佳说的算法对吗？一起来探究一下吧。

动手操作

已知桥长 2400 米，一列全长 300 米的火车以每分钟 900 米的速度通过该桥，从车头开上桥到车尾离开桥，需要几分钟？

一起来交流

 我是这样算的：2400÷900≈2.7（分钟）。

我不赞同这样的算法，我是这么想的。

题中说，火车是"从车头开上桥到车尾离开桥"，也就是下图这样的情况：

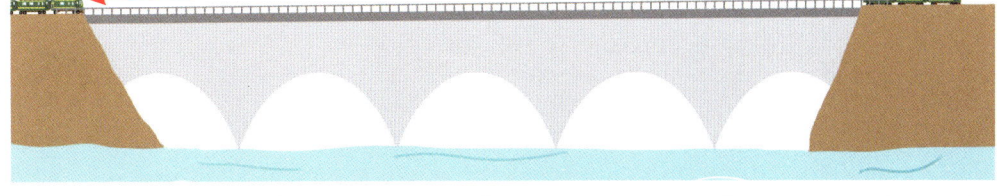

这时候火车一共开了多远呢？如果我们以火车头为观察对象，那么火车头一共经过了如下距离：

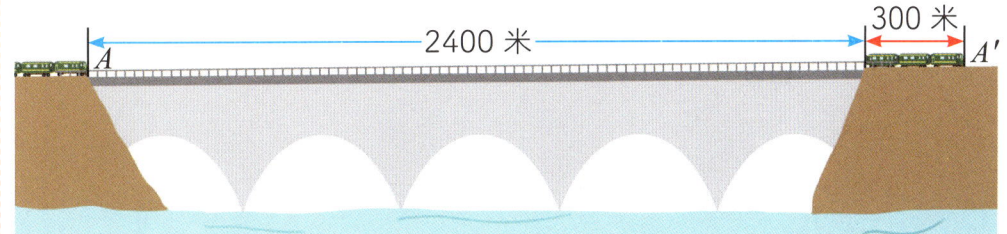

即火车头从 A 位置开到了 A' 位置，前进了桥的长度 2400 米，再加上火车的长度 300 米，一共是 2400+300=2700（米）。

如果我们以火车尾为观察对象，那么火车尾一共经过了如下距离：

也就是火车尾从 B 位置开到了 B' 位置，前进了桥的长度 2400 米，再加上火车的长度 300 米，总距离也是 2400+300=2700（米）。

 慧慧，你太棒了！当然，还可以选择火车上的任意一点进行观察，从火车头上桥到车尾离开桥，该点经过的路程总是"桥长＋火车长度"。

是呀，这可太神奇了！

 同学们，这下前面的问题你们知道怎么解决了吧？来看看吧。

我会，我来。
路程：2400＋300＝2700（米）；
时间：2700÷900＝3（分钟）。

 完全正确。你们可真聪明呀！同学们，回顾刚才汽车过桥和火车过桥的问题，解决过程中有什么不同和相同的地方吗？

不同点：_____

相同点：_____

14. 过桥问题

汽车相对于桥而言很短，因此我们可以把汽车看作一个点，把桥的长度看作行驶路程即可；而火车相对于桥而言太长了，不能看作一个点，因此要考虑车长，即"总路程＝桥长＋车长"。

这类题目你们会解决了吗？试一试吧！

一列火车长108米，每秒行驶12米，完全经过长为48米的桥，需要多少时间？

路程：108＋48＝156（米）；
时间：156÷12＝13（秒）。

这种方法真好。在生活中我们还可以用来推算列车的速度与长度呢！

知识我会用  同学们，前面讲的方法你们都学会了吗？我来考考你们。

某校六年级有学生346人，排成并列的两路纵队去参观画展，队伍行进的速度是每分钟23米，相邻两人都相距1米。现在队伍要通过一座长702米的桥，整个队伍从上桥到离开桥共需几分钟？

这里可以将谁看作火车呢？

智慧小链接

同学们，你们知道吗？我国的高铁创造了许多世界之最哦！来看看吧。

到目前为止，我国已成功建设了世界上规模最大、现代化水平最高的高速铁路网。以2008年我国第一条设计时速350千米的京津城际铁路建成运营为标志，一大批高铁相继建成并投入运营。特别是党的十八大以来，我国高铁发展进入快车道，年均投产3500千米，发展速度之快、质量之高令世界惊叹。

——运营里程世界最长。到2021年年底，我国高铁运营里程突破4万千米，占世界高铁总里程的三分之二以上。其中时速300~350千米的高铁运营里程1.57万千米，占比39%；时速200~250千米的高铁运营里程2.44万千米，占比61%。

——商业运营速度世界最快。目前，在京沪高铁、京津城际高铁、京张高铁、成渝高铁、京广高铁京武段近3200千米的线路上，复兴号常态化按时速350千米运营。我国成为世界上唯一实现高铁时速350千米商业运营的国家，树起了世界高铁商业化运营标杆，以最直观的方式向世界展示了"中国速度"。

——运营网络通达水平世界最高。从林海雪原到江南水乡，从大漠戈壁到东海之滨，我国高铁跨越大江大河、穿越崇山峻岭、通达四面八方，"四纵四横"高铁网已经形成，"八纵八横"高铁网正加密成型，全国99%的20万人口以上城市实现铁路网覆盖，全国94.9%的50万人口以上城市实现高铁覆盖。

15 周髀算经

扫码听讲解

数学真奇妙  同学们,今天我们一起来认识中国古代的数学著作《周髀(bì)算经》。

一起来交流

 《周髀算经》是我国最古老的一部天文学和数学著作。

我知道了,这本书肯定是一个叫周髀的人写的。

 这次华华可没猜对哦!

　　《周髀算经》约成书于公元前1世纪。该书最早阐述了著名的勾股定理。"髀"即"股",在周朝时立八尺之杆(立柱)为表(表即股),表的影子为勾,故合称为"勾股"。

这本书不是单一作者的著作,而是一些志同道合的研究者分别撰述的"论文集"。

15. 周髀算经

地质教育家章鸿钊将《周髀算经》的形成划分为三个时期：第一个时期，商高问答；第二个时期，陈子问答；第三个时期，陈子以后的文字。

动手来探究  同学们，你们了解勾股定理吗？我们一起来探究吧。

动手操作

请动手量一量下图中直角三角形三边的长度，然后填一填，算一算。

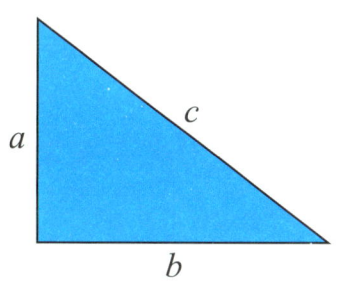

a = （　　），b = （　　），c = （　　）；
a^2 = （　　），b^2 = （　　），c^2 = （　　）。

一起来交流

 请观察最后一行的数据，你有什么发现？

> 我发现了，a^2+b^2 的结果和 c^2 的结果几乎相等。

> 太棒了！这就是《周髀算经》里的重要内容哦。

神奇大揭秘  《周髀算经》中是如何阐述勾股定理的呢？一起来看看吧。

一起来交流

　　《周髀算经》中一开始就记载了西周初期（约公元前11世纪）周公与商高的一段对话。商高说："……折矩，以为勾广三，股修四，径隅五。"意思是：把一根直尺折成直角，直立的一边长四，横躺的一边为三，则直尺两端的距离必然是五，即"勾三股四弦五"。因为勾股定理的内容最早见于商高的话中，所以这个定理也被称为商高定理。这比古希腊毕达哥拉斯（约公元前570—前490）提出的毕达哥拉斯定理早了500多年。

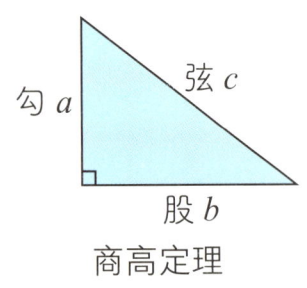

商高定理

毕达哥拉斯定理

原来中国古代的数学这么发达呀！

后来赵爽在《周髀算经注》中给出了"勾股圆方图"（亦称"赵爽弦图"），证明了勾股定理的准确性。

此外，《周髀算经》还记载了公元前四五世纪陈子与容方的问答，其中就包括测量太阳高度的方法。其方法大致如下：当夏至太阳直射北回归线时，观测者在北方立一八尺高的标杆，其日影长度刚好是六尺。然后观测者向南移动标杆，每移动一千里，在同一时刻的日影长度就减少一寸。也就是说，当日影减少六尺（即没有日影）时，标杆就向南移动了 60×1000=60000（里），这时标杆在太阳的正下方。根据平面几何的相似形原理可知，若勾为六万里，则股为八万里，再由勾股定理即可算出测量者与太阳间的距离为十万里。

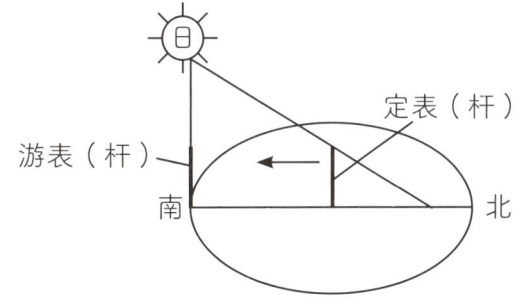

我们的祖先在公元前就能测量太阳高度了，真了不起！

这种推理，从数学角度是正确的，当然与实际情况相差不少。至少，他没有考虑地球是圆的这个因素。但与号称西方"测量之祖"的希腊学者塔利斯相比，陈子的水平要高多了。塔利斯在大约公元前6世纪，利用日影测量了金字塔的高度，但金字塔在地面，既可走近，又能攀登，而陈子测的却是地球与太阳之间的距离。

后来，三国赵爽、北周甄鸾和唐代李淳风都曾为该书作注。李淳风注始正原文求日高算法之粗疏，纠赵爽注日影新术之未当，改甄鸾释文之谬误。清代邹伯奇《周髀算经考证》、顾观光《周髀算经校勘记》为前人研究该书的精审之作。

史料记载的《周髀算经》最早的刻本为北宋元丰七年（1084年）刊本，现存最早的是南宋本及明万历赵琦美校刻本。辽宁省图书馆所藏《周髀算经》二卷是清初影印宋抄本，版本价值极高。此书曾入藏清宫，钤有"乾隆御览之宝""天禄继鉴""五福五代堂古稀天子宝""八徵耄念之宝"等清宫藏书玺印。此外还有《学津讨源》本、《秘册汇函》本、《津逮秘书》本、微波榭本、《四部丛刊》本、《四部备要》本等。

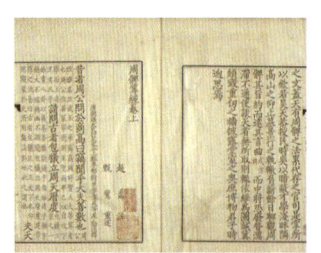

清初影印宋抄本
（辽宁省图书馆藏）

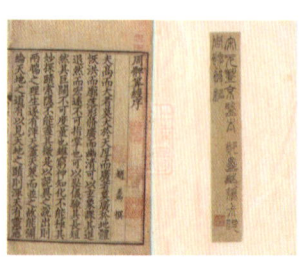

南宋嘉定六年（1213年）
刻本（上海图书馆藏）

知识我会用  同学们，前面讲的你们都理解了吗？我来考考你们。

"商高定理"也就是我们常说的（　　）定理，在《周髀算经》中这样描述："……折矩，以为勾广（　　），股修（　　），径隅（　　）。"

智慧小链接  同学们，我们一起来了解一下我国古代著名的数学典籍吧。

中国古代有许多与数学有关的典籍，其中有十部数学典籍非常出名，合称为《算经十书》。这十部数学典籍分别是《周髀算经》《九章算术》《海岛算经》《孙子算经》《张丘建算经》《五曹算经》《五经算术》《缉古算经》《缀术》和《夏侯阳算经》。后《缀术》佚失，以《数术记遗》代之。这十部著作曾经作为隋唐时期国子监算学科的教科书用以进行数学教育和考试。

《算经十书》较完备地体现了中国古代数学各方面的内容，标志着中国古代数学的高峰，对中国的数学和数学教育发展影响深远。它是了解汉唐千余年间数学及社会状况的宝贵史料，也是后世数学应用题目的源泉，在现代数学史教育中具有重要意义。

16 数学论证大师赵爽

扫码听讲解

数学真奇妙  华华、佳佳、慧慧、侨侨，你们在研究什么呀？

最近我们学习了三角形的勾股定理，我们正在运用这个定理进行计算呢。

是呀，勾股定理可真方便呀！

你们知道勾股定理是谁提出的吗？

　　勾股定理是平面几何中一个基本而重要的定理。在中国，《周髀算经》记载了勾股定理的公式与证明，相传是在商代由商高（约公元前11世纪）发现的。后来，赵爽在注解《周髀算经》中给出了"赵爽弦图"，证明了勾股定理的准确性。古希腊的著名数学家毕达哥拉斯也发现了这个定理，因此世界上许多国家都称勾股定理为毕达哥拉斯定理。

16. 数学论证大师赵爽

赵爽（约182—250），又名婴，字君卿，生平不详，东汉末至三国时代吴国人。他是我国历史上著名的数学家与天文学家。

《周髀算经》简明扼要地总结出中国古代勾股算术的深奥原理。赵爽深入研究了该书，他不仅详细解释了《周髀算经》中的勾股定理，而且给出了新的证明。

勾股定理是数学定理中证明方法最多的定理之一。但比较简捷的证法，是我国古代数学家赵爽在他的《勾股圆方图注》里所给出的证明。

勾股定理是用代数思想解决几何问题的重要的工具之一，是数形结合的纽带之一。

勾股定理这么重要啊！

  同学们，我们一起来探究一下勾股定理的奥秘吧。

动手操作

如图，一个等腰直角三角形，直角边长是 3 cm，以它的三条边为边长画三个正方形 A、B 和 C。

正方形 A 的面积：_____；

正方形 B 的面积：_____；

正方形 C 的面积：_____。

一起来交流

我会。正方形 A、B、C 的面积分别是 $9\ cm^2$、$9\ cm^2$、$18\ cm^2$。

你是通过什么方法求得正方形 C 的面积的？

我是通过将正方形 C 分割成 4 个面积相等的直角三角形来计算的。
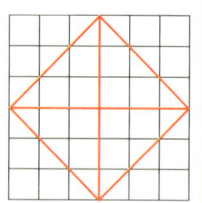

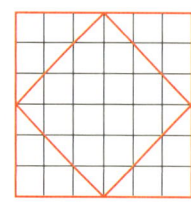

我的想法是把正方形 C 补成一个大正方形，先计算大正方形的面积，再减去 4 个直角三角形的面积。

神奇大揭秘

同学们，通过前面的探究过程，你们发现了什么？来看看吧。

动手操作

请将下图（1）（2）（3）中黄色正方形的面积填入右边 A 列中，粉色正方形的面积填入右边 B 列中，蓝色正方形的面积填入 C 列中。（格子图中每个格子的边长是 1 cm）

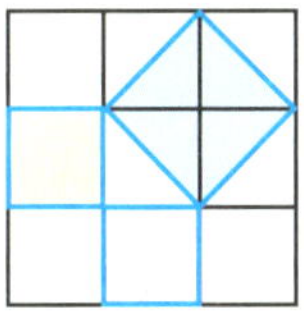

（1） 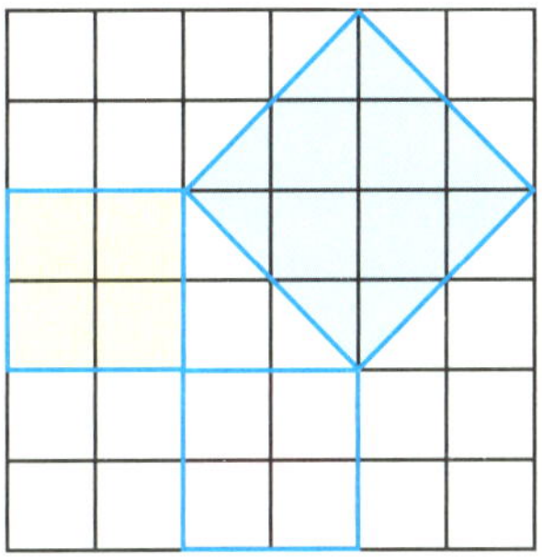　　（2）

（3）

A 列　　B 列　　C 列

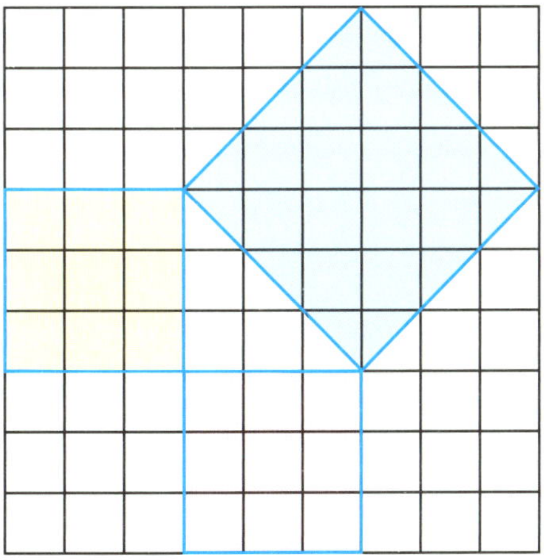

我发现：两个小正方形的面积之和_____（填 ">" "=" 或 "<"）大正方形的面积。

一起来交流

我先来算一下各个正方形的面积。
黄色正方形（A 列）的面积分别为：1 cm²、4 cm²、9 cm²；
粉色正方形（B 列）的面积分别为：1 cm²、4 cm²、9 cm²；
蓝色正方形（C 列）的面积分别为：2 cm²、8 cm²、18 cm²。

我发现，两个小正方形的面积之和等于大正方形的面积。

 你们真棒！这就是"勾股定理"。

> 勾股定理：在平面上的一个直角三角形中，两个直角边边长的平方加起来等于斜边长的平方。若用字母 a、b 来表示三角形的两条直角边边长，用字母 c 表示三角形的斜边长，则有 $a^2+b^2=c^2$。

而当时赵爽论证了勾股定理，并做了如下解释。

赵爽：勾股各自乘，并之，为弦实。开方除之，即弦。

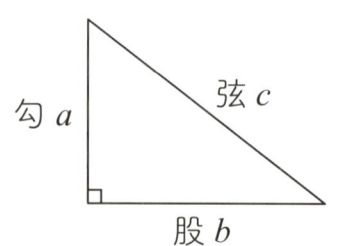

 赵爽想出了一种绝妙的方法来证明勾股定理的准确性,那就是"弦图"。

按弦图,又可以勾股相乘为朱实二,倍之为朱实四,以勾股之差自相乘为中黄实,加差实,亦成弦实。

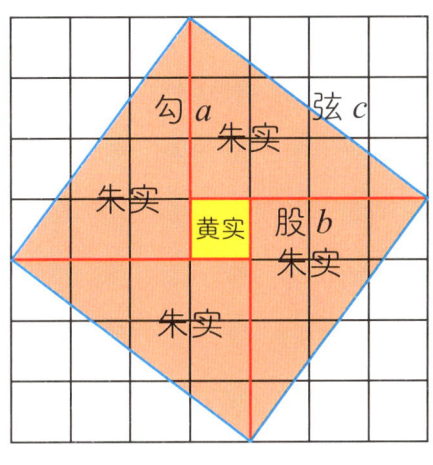

弦图

意思是:按照这个弦图,勾(即 a)与股(即 b)相乘(ab)是一个红色三角形面积的两倍,而它(ab)的两倍则为一个红色三角形面积的四倍(即所有红色区域的面积)。勾与股的差($b-a$)自己乘自己是中间黄色实体的面积[即$(b-a)^2$],再加上外面红色区域的面积,就是整个弦图的面积(即 c^2)。

$$2ab+(b-a)^2=c^2$$

外面四个红色三角形的面积　　里面黄色正方形的面积　　整个蓝色框内正方形的面积

利用分一分、移一移的方法，我们会发现 $2ab+(b-a)^2$ 与 a^2+b^2 的大小是一样的，变换过程如下。因此上面的式子 $[2ab+(b-a)^2=c^2]$ 成立，下面的勾股定理 $a^2+b^2=c^2$ 也就成立了！

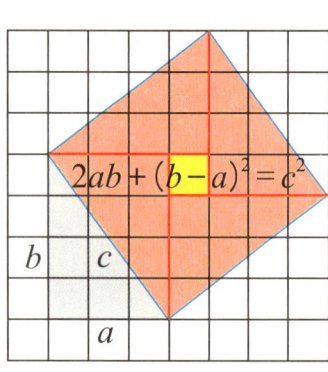

移动四个红色三角形和里面的黄色正方形

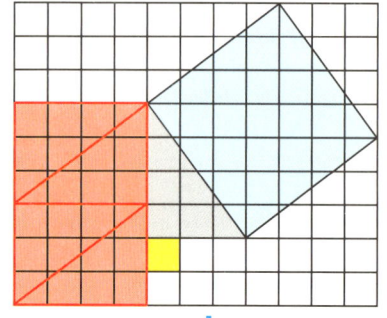

移动红色部分 8 块小正方形，直到黄色部分位置，并排成正方形

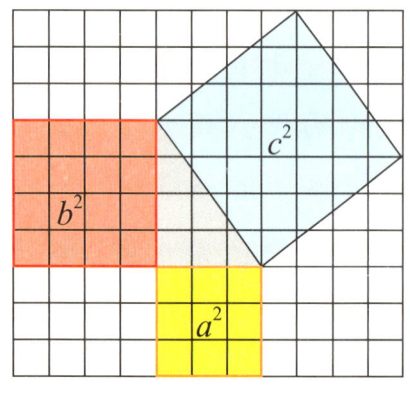

最终发现左边部分的面积就是 b^2，下面部分的面积就是 a^2

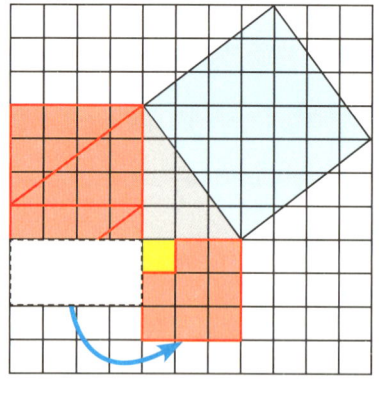

即 $2ab+(b-a)^2=a^2+b^2$。

原来勾股定理还可以用数形结合的方式证明，真巧妙！

知识我会用

同学们，前面讲的方法你们都学会了吗？我来考考你们。

2002年在北京召开了第24届国际数学家大会（ICM），大会会标如图所示。会标由四个相同的直角三角形拼成，若直角边长分别为 2 cm 和 3 cm，则大正方形的面积是多少？

ICM2002 会标

智慧小链接

赵爽为我国传统数学的发展作出了重要贡献，来看看吧！

"赵爽弦图"不仅是当时世界上最有创造力的论证方式，还反映和代表了数学的简洁之美，甚至第24届国际数学家大会组委会直接将其选为大会的会标。

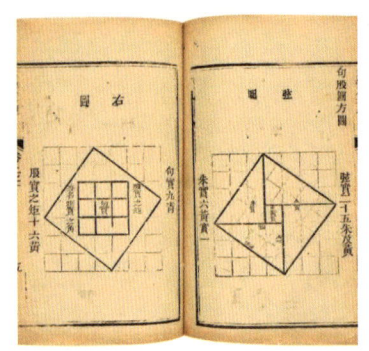

根据勾股定理，赵爽接下来又推出了勾股形三边、三边之和与差之间关系的24个命题。这些主要是依据几何图形面积的换算方式来证明的。为了给出精确的算术证明，赵爽还推导出了二次方程的求根公式。这在当时具有开创性的价值，为后世的数学研究工作奠定了基础。

作为中国古代最早对数学定理和公式进行证明与推导的数学家之一，赵爽的很多工作都具有开创性，为中国数学，尤其是在数学思想及方法方面，作出了重要的贡献，他也成为当时世界上出色的数学家。

作为一名天文学家，赵爽还研究了太阳离地球有多远。为了弄清楚这些天文学问题，他直接在《日高图注》中利用几何图形面积换算关系，给出了日高公式的证明。

赵爽真是个多才的科学家呀！

17 相遇问题

数学真奇妙

同学们,今天我们学习数学中的经典题"相遇问题",来看看吧。

动手操作

佳佳、慧慧两人分别从相距 600 米的 A、B 两地同时出发相向而行,并在两地之间不断往返行走。已知佳佳的速度是每分钟 60 米,慧慧的速度是每分钟 40 米,请问:出发后经过多长时间,佳佳、慧慧两人第一次迎面相遇?先画一画,再算一算。

佳佳   慧慧

一起来交流

要算时间,我们得先知道路程和速度。

我们先画出两人相遇的路线,看看她们是怎么走的。

佳佳A ─────────── B慧慧

两人1分钟走的路程：60+40=100（米）；

两人一共走的总路程：600米；

600÷100=6（分钟）。

即出发后经过6分钟她们第一次相遇。

相遇问题：总路程÷速度和=相遇时间。

动手来探究  同学们，"相遇问题"中还藏着哪些数学奥秘呢？我们一起来探究。

动手操作

我们已经知道佳佳和慧慧第一次相遇用了6分钟，两人相遇后，继续向前走，到终点后再往回折。问：出发后经过多长时间佳佳和慧慧第二次相遇？

一起来交流

同前面一样,想求时间,还是需要先知道路程和速度。

速度不变,1分钟一共走了100米。那路程呢?我们来画一画。

从开始出发到第一次相遇,佳佳和慧慧一起走了1个全程;那么从开始出发到第二次相遇她俩一起走了几个全程呢?

你能用下面的示意图模拟一下,看看佳佳和慧慧分别走了多少路程吗?

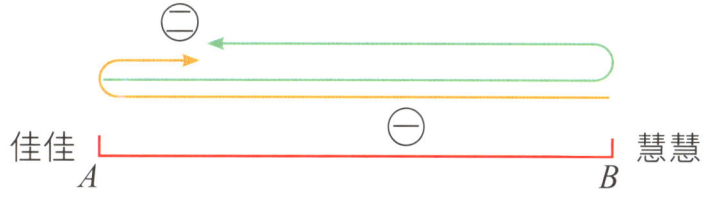

绿色线是佳佳走的路线,她从出发到第一次相遇,再继续走到 B 地后返回,然后到达第二个相遇点。佳佳一共走了1个全程和1个全程的一半多。

橙色线就是我走的路线,我从出发到第一次相遇,再继续走到 A 地并返回,然后到达第二个相遇点。一共走了1个全程加上不到全程一半的路。

我们两个人从开始出发到第二次相遇一共走了3个全程，也就是600×3＝1800（米）。我会算了！
总路程：600×3＝1800（米）；
总速度：40＋60＝100（米/分钟）；
第二次相遇时间：1800÷100＝18（分钟）。

解决"相遇问题"的关键是：路程÷速度＝时间。要算清楚总路程和速度。

从出发到第一次相遇，两人一共走了1个全程；从第一次相遇到第二次相遇，两人一共走了2个全程，这是为什么呢？

第一次相遇后，佳佳走到 B 地，慧慧走到 A 地，合起来走了1个全程，然后分别返回，到第二次相遇，一共走了2个全程。

从第一个相遇点出发，分别走到对方起点合走1个全程，再分别返回，到第二个相遇点又合走1个全程，一共走了2个全程。

大家说得真棒！

17. 相遇问题

  同学们，通过前面的探究过程，你们发现了什么？来看看吧。

动手操作

如果第二次相遇后，她们继续往前走，需要再走几个全程才会第三次相遇？请你动手画一画。

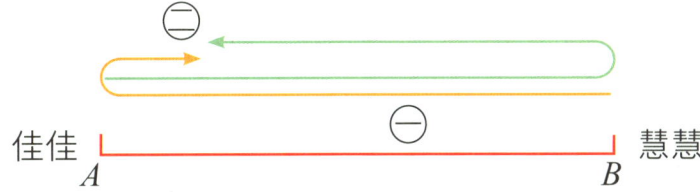

佳佳　　　　　　　　　　　　　慧慧
　　　A　　　　　　　　　　　　　B

一起来交流

 我来总结一下。请同学们帮我填一填。

两人一起走了：

从出发到第一次相遇，1个全程；

从第一次相遇到第二次相遇，2个全程；

从第二次相遇到第三次相遇，____个全程；

从第三次相遇到第四次相遇，____个全程。

你有什么发现？

我发现，除了第一次相遇，以后每相遇一次，都要走 2 个全程。

从相遇点出发，分别走到对方起点合走 1 个全程，再分别返回，到下一次相遇又合走 1 个全程，共 2 个全程。

你能利用我们发现的规律解决问题吗？

知识我会用  同学们，前面讲的规律你们都掌握了吗？我来考考你们。

佳佳、慧慧两人分别从相距 600 米的 A、B 两地同时出发相向而行，并在两地之间不断往返行走。已知佳佳的速度是每分钟 60 米，慧慧的速度是每分钟 40 米，请问：出发后经过多长时间，佳佳、慧慧两人第五次迎面相遇？

17. 相遇问题

解决"相遇问题",有什么需要注意的地方吗?

 解决"相遇问题"的关键在于算清楚"总路程"。

第一次相遇两人只需要合走 1 个全程,从第一次相遇到第二次相遇两人需要合走 2 个全程。

  同学们,关于"相遇问题",我们再来总结一下吧。

"相遇问题"是指两个物体从两地同时出发,面对面相向而行,经过一段时间,两个物体会在途中相遇。它和一般行程问题的区别在于:它研究的不是一个物体的运动。因此,它研究的速度包含两个物体的速度,也就是速度和。从出发到相遇的时间是相遇时间,从出发到相遇合走的路程是相遇路程,单位时间合走的路程是两个物体的路程和。

"相遇问题"的关系式是:

速度和 × 相遇时间 = 总路程,

总路程 ÷ 速度和 = 相遇时间,

总路程 ÷ 相遇时间 = 速度和。

18 错视图形

扫码听讲解

数学真奇妙  同学们,你们听说过"错视图形"吗?来看看吧。

 有句俗语叫"耳听为虚,眼见为实",意思是指耳朵听到的东西不可信,亲眼见到的才是真实可靠的。同学们,你们相信这句话吗?

我相信呀,眼睛看到的,总是最可靠的。

 是吗?那就让我们一起睁大眼睛来看一看。下面这幅图,中间的两条横线平行吗?

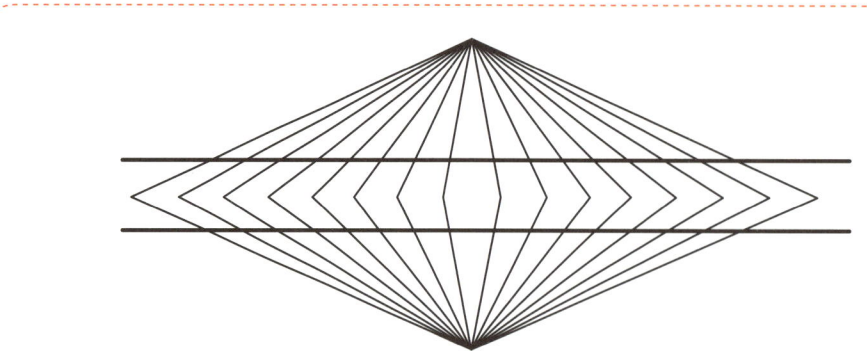

肯定不平行呀!中间靠近一点,两端分开一点。

 别着急下结论。先用尺子量一量,再判断。

我用尺子测了一下两条横线之间的距离,发现各处都相等,确实是平行的!好神奇呀!

动手来探究  同学们,我们再来判断一下,下图中的两条横线平行吗?

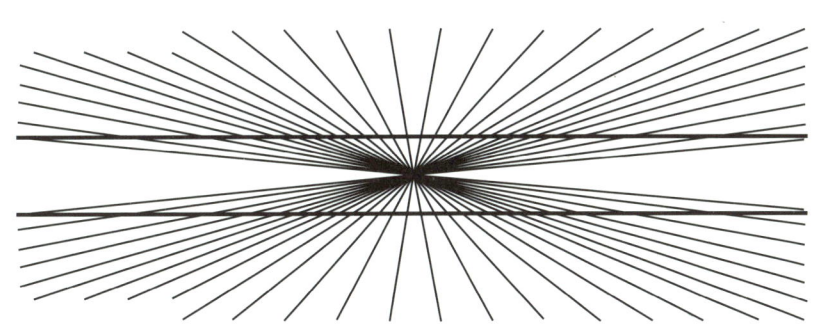

 我量过了,虽然看起来是中间宽,两端窄,但实际上两条横线是平行的。为什么会这样呢?

不着急,像这样的现象还有很多呢!我们继续来判断。

❶ 下图中红线围成的图形是圆形吗？

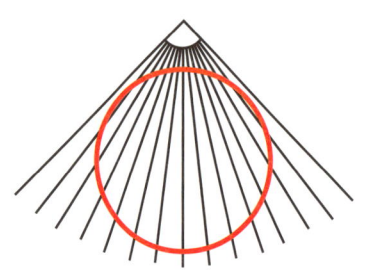 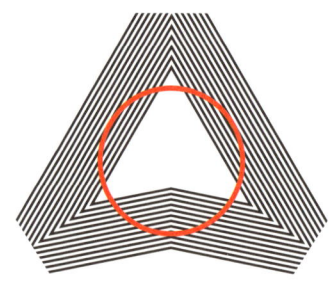

❷ 下图中红线围成的图形是正方形吗？

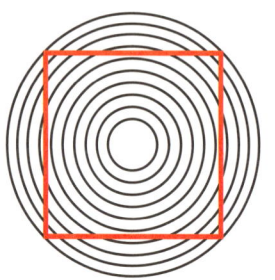 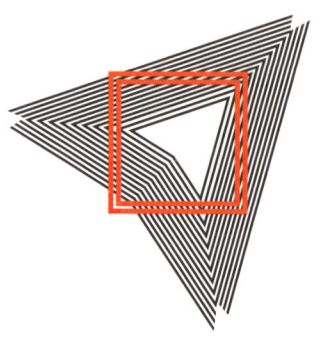

我都量过了，红线围成的图形：❶ 都是圆形，❷ 都是正方形。它们实际的形状都和眼睛看到的不一样，这是为什么呢？

这就是我们常说的"错视"，这和我们人类的眼睛有关系。利用错视，我们还能作图呢。你相信下面的图是用直线画出来的吗？

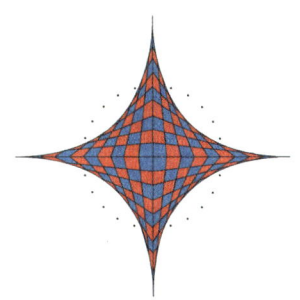

不可能吧，明明都是曲线啊！

确实是用直线画出来的，我用尺子量过了。太神奇了！

下面我们继续。请试着在下图中将相同的数字用直线连接，并观察得到的图形。

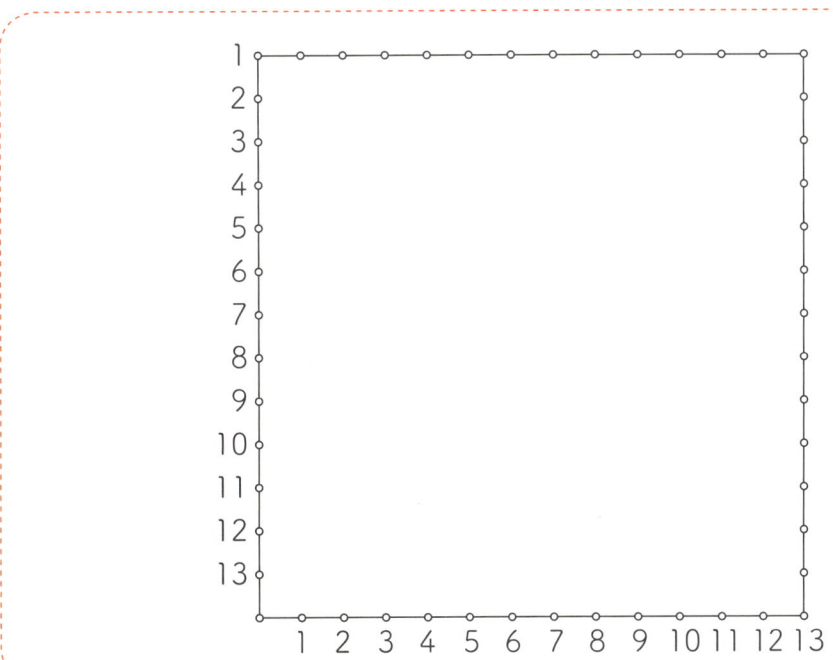

我来画一画。

我居然画出了一段圆弧，好神奇啊！

同学们，通过前面的探究，你们发现了什么？来看看吧。

刚才我们看到的图像，都是因为在其四周或旁边画了其他的图像，从而影响了我们的判断，产生了错视。

错视，又称视错觉，意为视觉上的错觉，属于生理上的错觉。错视就是当人们观察物体时，按照经验或不当的参照物形成的错误的判断和感知。错视也指观察者在客观因素干扰下或者自身的心理因素支配下，对图形产生的与客观事实不相符的错误的感觉。

原来眼见不一定为"实"啊！我能收回我前面说的话吗？哈哈哈！

知识我会用  同学们，前面讲的方法你们都学会了吗？我来考考你们。

利用前面讲的方法，你能画出一个完整的圆形吗？

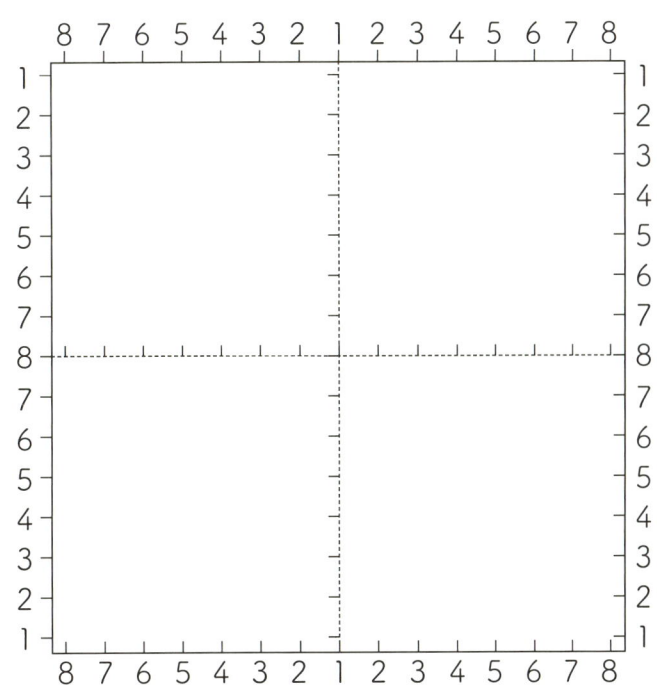

智慧小链接

 像这样的错视，还被用在建筑上呢。来看看吧。

广州塔又称广州新电视塔，昵称"小蛮腰"，位于我国广东省广州市海珠区艺洲岛赤岗塔附近，距离珠江南岸125米，与珠江新城、海心沙岛隔江相望。广州塔塔身主体高450米，天线桅杆高150米，总高度600米。广州塔是中国第一高塔，是国家AAAA级旅游景区。

广州塔是广州市的地标工程，可抵御烈度7.8级的地震和12级台风，设计使用年限超过100年。广州塔塔身168～334.4米处设有"蜘蛛侠栈道"，是世界上最高最长的空中漫步云梯。塔身422.8米处设有旋转餐厅，是世界上最高的旋转餐厅。塔身顶部450～454米处设有摩天轮，是世界上最高的摩天轮。天线桅杆455～485米处设有"极速云霄"速降游乐项目，是世界上最高的垂直速降游乐项目。

广州塔塔身整体采用大量的网状漏风空洞并设置特质透明玻璃漏出窗景，给人以轻巧、通透之感。广州塔由上小下大的两个椭圆体扭转而成，在塔体中形成纤纤细腰，宛如扭身回望的少女，极富动感与深情。外部钢结构体系由24根立柱、斜撑和圆环交叉构成，给人以厚实稳定感，虚实凹凸结合，外观轻巧生动、坚实有力。

19 涂色图形

数学真奇妙  同学们,你们知道"涂色图形"问题吗?今天我们来学习一下。

动手操作

将一个棱长为 10 cm 的正方体表面涂上颜色后,切割成棱长为 1 cm 的小正方体,则不同涂色小正方体的个数分别是多少?

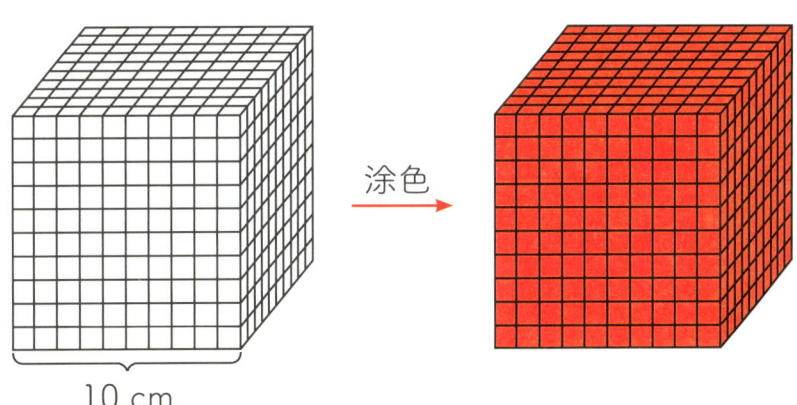

切割后有多少种不同的涂色情况呢?

我知道。有三面涂色的、两面涂色的、一面涂色的,以及没有涂色的这四种情况。

那这四种涂色正方体分别有多少个呢?

啊?这得 1 个 1 个地数吗?好难啊!

别着急,我们可以化繁为简,从简单的开始研究,找找规律。

  同学们,那我们就先从简单的开始,一起来探究吧!

动手操作

如下图,将棱长分别为 3 cm、4 cm、5 cm 的正方体表面涂上颜色后,分别切割成棱长为 1 cm 的小正方体,则不同棱长的正方体切割成的不同涂色小正方体的个数分别是多少?先填一填,再观察一下,你有什么发现?

19. 涂色图形

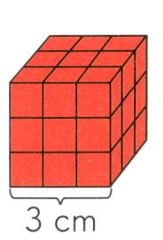 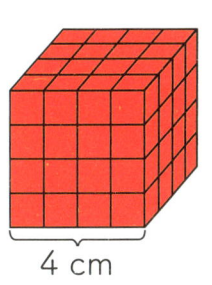 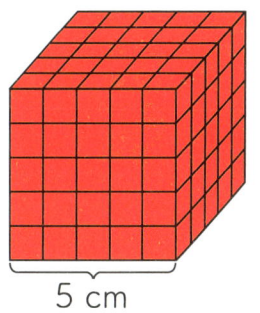

3 cm　　　4 cm　　　5 cm

棱长（cm）	不同涂色情况的小正方体的数量（个）			
	三面涂色的	两面涂色的	一面涂色的	没有涂色的
3				
4				
5				

我发现：_____

一起来交流

我先填一填。

棱长（cm）	不同涂色情况的小正方体的数量（个）			
	三面涂色的	两面涂色的	一面涂色的	没有涂色的
3	8	12	6	1
4	8	24	24	8
5	8	36	54	27

那不同涂色情况的小正方体的个数跟棱长存在怎样的关系呢？

 不同涂色情况的小正方体的位置又有什么特点呢？

同学们，通过前面的探究，你们发现了什么？来看看吧。

神奇大揭秘

填一填

棱长（cm）	不同涂色情况的小正方体的数量（个）			
	三面涂色的	两面涂色的	一面涂色的	没有涂色的
3	8	(3−2)×12	(3−2)×(3−2)×6	(3−2)×(3−2)×(3−2)
4	8			
5	8			
规律	8			
位置				

一起来交流

我发现，三面涂色的在大正方体的顶点上，正方体有 8 个顶点，因此棱长≥3 cm（均取整厘米数）的正方体都有 8 个三面涂色的。

  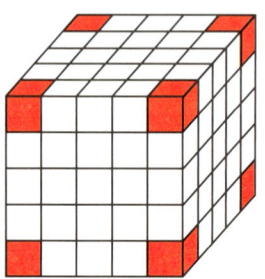

19. 涂色图形

我发现,两面涂色的在大正方体的棱上,去掉顶点的三面涂色的小正方体后,一条棱就剩下(棱长－2)个涂色小正方体了,正方体有12条棱,因此两面涂色的小正方体有[(棱长－2)×12]个。

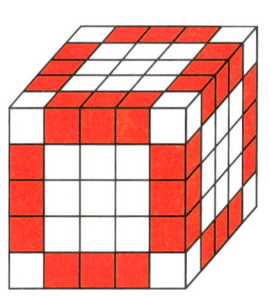

一面涂色的在大正方体的面上,需要去掉四周的两行、两列,一面涂色的在面的中间,大正方体的每个面上一面涂色的小正方体有[(棱长－2)×(棱长－2)]个,正方体有6个面,因此一面涂色的小正方体有[(棱长－2)×(棱长－2)×6]个,也可以写作有[(棱长－2)^2×6]个。

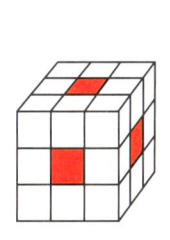
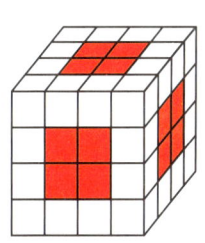
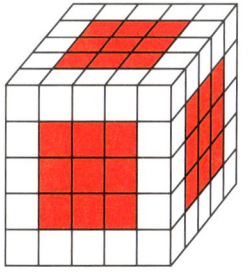

你们太棒了!那其他的呢?大家继续。

 没有涂色的在大正方体中间，去掉上下、左右、前后层，也就是有［（棱长－2）×（棱长－2）×（棱长－2）］个小正方体，即没有涂色的小正方体有（棱长－2）^{3} 个。

 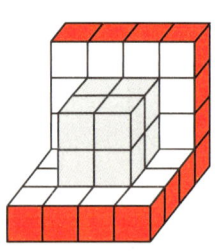 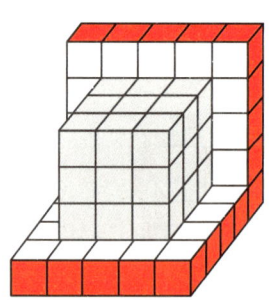

我来总结一下。

棱长（cm）	不同涂色情况的小正方体的数量（个）			
	三面涂色的	两面涂色的	一面涂色的	没有涂色的
3	8	(3－2)×12＝12	(3－2)×(3－2)×6＝6	(3－2)×(3－2)×(3－2)＝1
4	8	(4－2)×12＝24	(4－2)×(4－2)×6＝24	(4－2)×(4－2)×(4－2)＝8
5	8	(5－2)×12＝36	(5－2)×(5－2)×6＝54	(5－2)×(5－2)×(5－2)＝27
规律	8	（棱长－2)×12	（棱长－2)^2×6	（棱长－2)^3
位置	顶点处	12 条棱中间	6 个面中间	体中间

 你们都很棒!看来不同涂色情况的小正方体的个数跟大正方体的8个顶点、12条棱、6个面有关联。

  同学们,现在本文开篇的题你们会做了吗?我来考考你们。

将一个棱长为 10 cm 的正方体表面涂上颜色后,切割成棱长为 1 cm 的小正方体,则不同涂色小正方体的个数分别是多少?如果切割的是棱长为 n cm($n \geq 3$,取整厘米数)的正方体呢?请你算一算,填一填。

棱长(cm)	不同涂色情况的小正方体的数量(个)			
	三面涂色的	两面涂色的	一面涂色的	没有涂色的
10				
n($n \geq 3$,取整厘米数)				

智慧小链接  同学们，类似的问题你们还会解决吗？来试试吧。

如果现在用36个边长为1 cm的小正方体拼成一个大长方体，表面涂色然后打散，则三面涂色的小正方体最多有多少个，最少有多少个？（可以画一画图或者借鉴下面的图）

20 正多面体

扫码听讲解

数学真奇妙  同学们,你们知道什么叫正多面体吗?正多面体有多少种呢?

 正多面体由正多边形组成,正多边形有无数种。

那正多面体是不是也有无数种呀?

 是的,正多面体是由正多边形组成的。那正多边形的内角特征你们知道吗?

如下图,正四边形的内角和就是 2 个三角形的内角和(180°×2=360°),因此每个内角的度数为 360°÷4=90°。其他正多边形也可以这样计算。

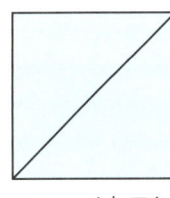

正四边形

算一算

正多边形	内角和	每个内角的度数
正三角形	180°×1＝180°	180°÷3＝60°
正四边形	180°×2＝360°	360°÷（　）＝（　）
正五边形	180°×（　）＝（　）	
正六边形	180°×（　）＝（　）	
正七边形	180°×（　）＝（　）	
正八边形	180°×（　）＝（　）	

20. 正多面体

  同学们，哪种正多边形能拼成正多面体呢？我们一起来探究。

动手操作

各选几个同样的正多边形拼一拼，看看哪些正多边形能拼搭成正多面体？

一起来交流

 至少需要 3 个以上同样的正多边形才能拼搭成立体的正多面体；2 个会重叠成一个平面。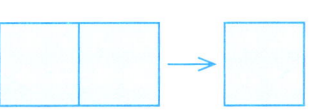

我发现，用 3 个正六边形拼搭的时候，拼接处 3 个角度数的和正好是 360°，密铺平面后就没有空隙了，因此不能折叠成立体图形。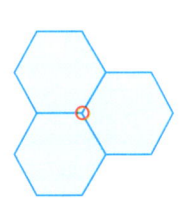

 这样的话，其他的正多边形更不可能了，因为像正七边形、正八边形等，它们的每个内角的度数都大于 120°，3 个相同的内角相加的结果肯定大于 360°，就更没有空隙拼了。

看来只能用正三角形、正四边形和正五边形才能拼成正多面体了!

你们的发现很重要!正因为正三角形、正四边形、正五边形拼搭时有空隙,所以能拼成正多面体。

神奇大揭秘  同学们,通过前面的探究过程,你们发现了什么?来看看吧。

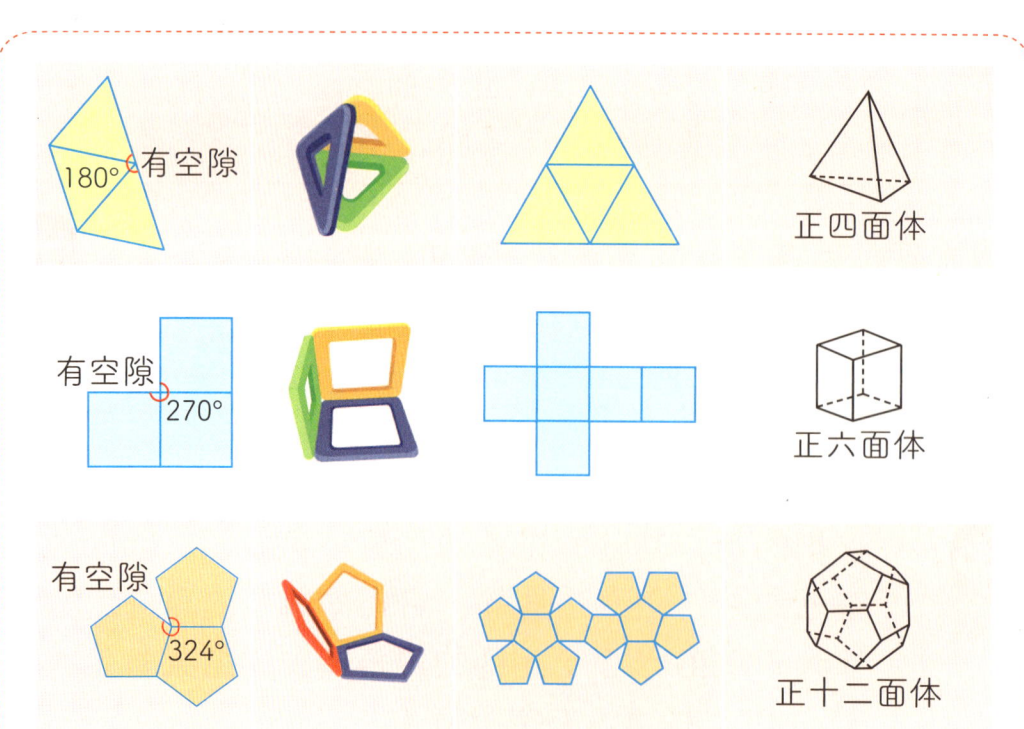

续表

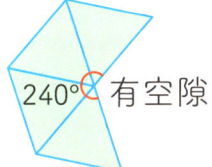  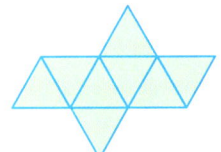 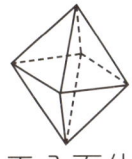

正八面体

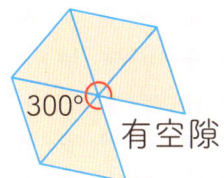  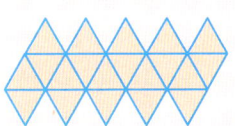 

正二十面体

正多面体又称柏拉图立体，指的是所有的面必须是大小和形状都相同的规则多边形，且每一个角必须由相同数量的面结合而成的凸多面体。数学家证明了正多面体只有上面讲的正四面体、正六面体、正十二面体、正八面体和正二十面体5种。

知识我会用

同学们，前面讲的知识你们都学会了吗？我来考考你们。

下图是用10个三角形拼成的立体图形的正面、侧面图，它是正多面体吗？

正视图

侧视图

智慧小链接  同学们，我们继续来了解一下柏拉图和正多面体吧。

正多面体又叫柏拉图立体，是由古希腊伟大的哲学家柏拉图（公元前427—前347）发现的。柏拉图发展了毕达哥拉斯关于宇宙和谐的思想，指出天体运动的轨迹是圆形的，他把天文学和几何学结合起来，为后来"地心说"的建立奠定了基础。

如果将正六面体各面的中心点相连，那么你能想象出是什么图形吗？如果将正八面体各面的中心点相连，那么会出现什么图形呢？这里面还有有趣的现象呢！有兴趣的同学可以继续研究。

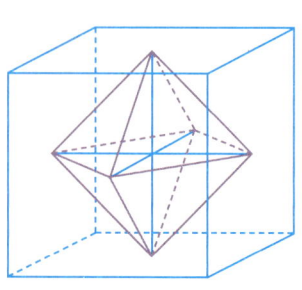

21 多面体的秘密

数学真奇妙  同学们，你们知道多面体的秘密吗？今天我们就来学习一下。

仔细观察下面的立体图形，说说你们发现了什么。

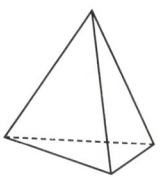   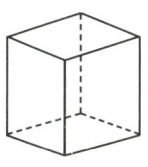   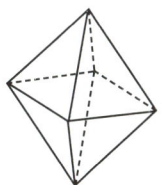

　正四面体　　　　　正六面体　　　　　正八面体

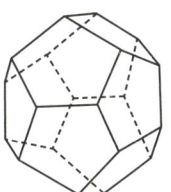   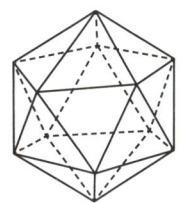

　　正十二面体　　　　　正二十面体

一起来交流

这些立体图形的面都是相同的正多边形。

像这样的正四面体、正六面体、正八面体、正十二面体、正二十面体等正多面体，又称柏拉图立体。它们各面都是相同的正多边形，且每个顶点所接的面数都是相同的凸多面体。正多面体只有这 5 种。

动手来探究

那么这些正多面体中藏着什么秘密呢？我们一起来探究吧。

动手操作

先数一数下列正多面体的面数、顶点数以及棱数，再填一填，然后观察一下，你们发现了什么？

正多面体	面数（F）（个）	顶点数（V）（个）	棱数（E）（条）

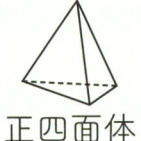

正四面体

续表

正多面体	面数（F）（个）	顶点数（V）（个）	棱数（E）（条）
 正六面体			
 正八面体			
正十二面体	12	20	30
正二十面体			

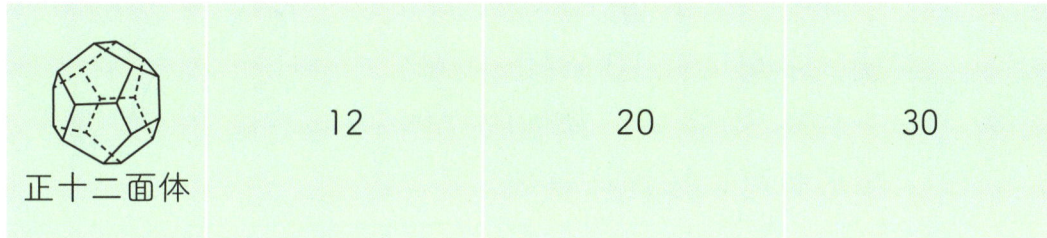

我发现：_____

一起来交流

 正十二面体有 12 个面，顶点数是怎么数出来的？

可以分成上下两个部分去数哦！因为正十二面体的每个面都是正五边形，所以上半部分有 5 个顶点和延伸出来的 5 个顶点，5＋5＝10（个），因此一共有 10×2＝20（个）顶点。

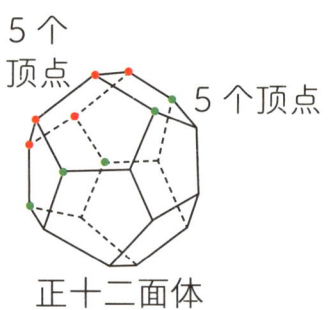

正十二面体

棱数也可以分部分来数哦！将正十二面体分成上中下三个部分，上下部分各有 10 条棱，中间又有 10 条棱，因此一共有 30 条棱。其他的立体图形也可以按这样去数。

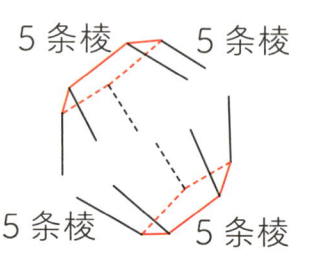

你们的方法真好！我会数了，我来填一填。

正多面体	面数（F）（个）	顶点数（V）（个）	棱数（E）（条）
正四面体	4	4	6
正六面体	6	8	12
正八面体	8	6	12
正十二面体	12	20	30
正二十面体	20	12	30

啊，我发现了，正多面体的"面数＋顶点数＝棱数＋2"，对不对呢？

你们太棒了！慧慧提到的公式也可以写作"面数＋顶点数－棱数＝2"，用字母表示就是 $F+V-E=2$，这就是著名的欧拉定理。

我们现在说的都是正多面体，那非正多面体呢？它们的面数、顶点数和棱数之间的关系也符合欧拉定理吗？

 下面我们就来探究一下非正多面体的面数、顶点数和棱数之间的关系。

先数一数下列非正多面体的面数、顶点数以及棱数，再填一填，然后观察一下，你们发现了什么？

非正多面体	面数（F）（个）	顶点数（V）（个）	棱数（E）（条）
五面体			
七面体			

续表

非正多面体	面数（F）（个）	顶点数（V）（个）	棱数（E）（条）
 十面体			

我发现：_____

一起来交流

 我先填一填。

非正多面体	面数（F）（个）	顶点数（V）（个）	棱数（E）（条）
五面体	5	6	9
七面体	7	7	12
十面体	10	12	20

我发现，非正多面体的面数、顶点数和棱数之间的关系也符合"$F+V-E=2$"这个公式。

 是的，不论什么形状的凸多面体，其面数 F、顶点数 V、棱数 E 之间的关系都符合欧拉定理。

自然界中也存在这些多面体，一起来看看。

21. 多面体的秘密

是啊。比如：明矾晶体的外表常呈八面体，晶体硼的结构单元是正二十面体，金刚石的常见晶形有八面体、菱形十二面体、立方体、四面体等，氯化钠（食盐）属立方晶系，萤石晶体常呈立方体、八面体，等等。

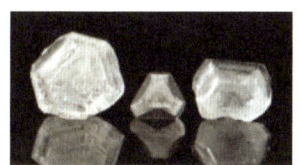  

明矾晶体　　　　　晶体硼　　　　　金刚石

氯化钠（食盐）晶体　　　　萤石晶体

这些晶体真漂亮啊！

知识我会用

 同学们，前面讲的知识你们都学会了吗？我来考考你们。

下图所示是中国古代数学专著《九章算术》中提到的几种立体图形，数一数它们的面数、顶点数和棱数，并填写在下面的表格中。它们的面数、顶点数和棱数之间的关系符合欧拉定理吗？

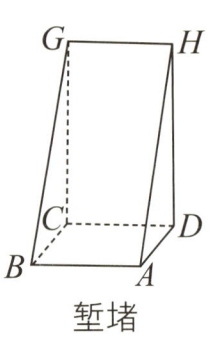 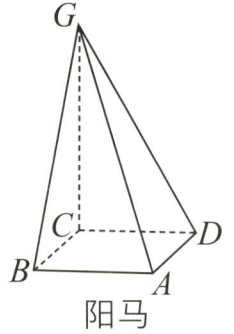 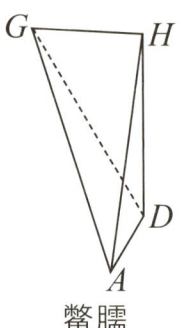

立体图形	面数（F）（个）	顶点数（V）（个）	棱数（E）（条）
堑堵			
阳马			
鳖臑			

智慧小链接 你们知道吗？多面体欧拉定理在拓扑学的形成中占有重要地位呢。

19世纪中期，几何学出现了一个新的分支——拓扑学。拓扑学是研究几何图形或空间在连续改变形状后还能保持不变的一些性质的一门学科。有关拓扑学的一些内容早在18世纪就出现了，那时候发现一些孤立的问题，后来在拓扑学的形成中占着重要的地位。譬如哥尼斯堡七桥问题、多面体欧拉定理、四色问题等都是拓扑学发展史上的重要问题。

1750年，欧拉发表了多面体公式 $V+F-E=2$。这个公式被称为欧拉公式，又称多面体欧拉定理。$V+F-E$ 即欧拉示性数，已成为拓扑学的基础概念。

22 长方体包装中的问题

  同学们,今天我们一起来研究长方体包装中的问题。

动手操作

玩具厂工人要在长 16 cm、宽 12 cm、高 8 cm 的长方体包装盒中放入棱长是 4 cm 的正方体礼盒,最多可以放几个?

 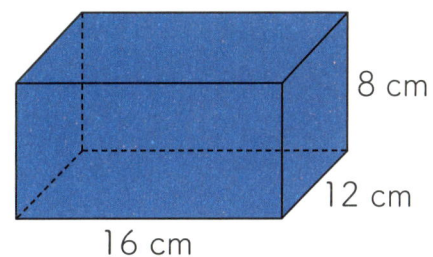

一起来交流

我们可以画一画,看看长方体的长、宽、高分别能放多少个。

我来画一画。

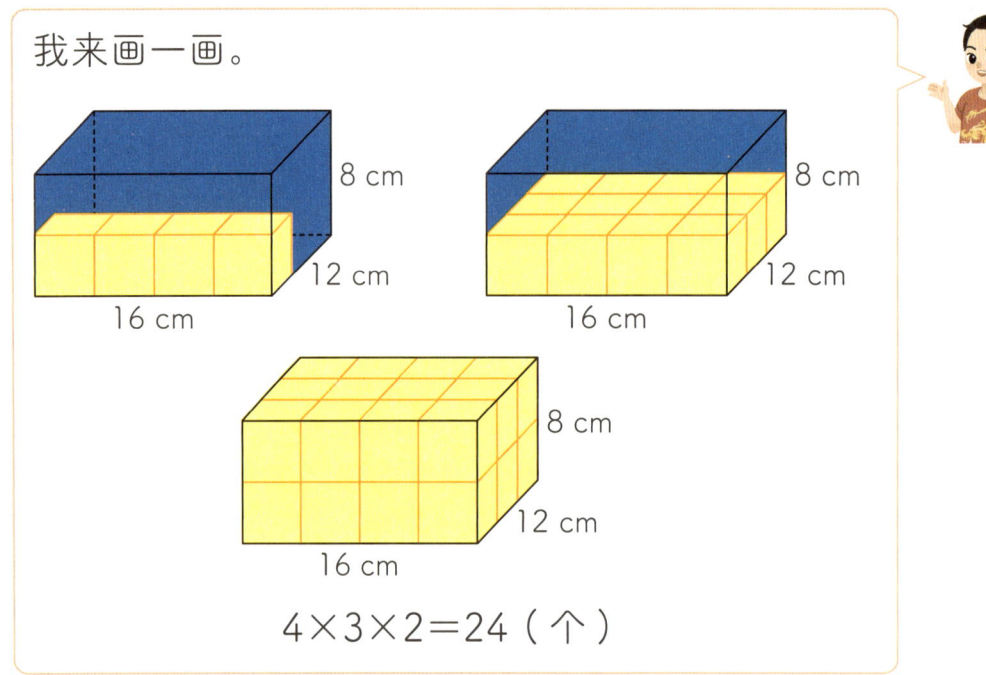

$4 \times 3 \times 2 = 24$（个）

我用列表法。

物品	长（cm）	宽（cm）	高（cm）
包装盒	16	12	8
礼盒	4	4	4

① $16 \div 4 = 4$（个）；② $12 \div 4 = 3$（个）；
③ $8 \div 4 = 2$（个）；④ $4 \times 3 \times 2 = 24$（个）。

我用"大体积 ÷ 小体积"的方法。
① 大体积（包装盒）：$16 \times 12 \times 8 = 1536$（$cm^3$）；
② 小体积（礼盒）：$4 \times 4 \times 4 = 64$（cm^3）；
③ 大体积 ÷ 小体积：$1536 \div 64 = 24$（个）。
最多可以放 24 个。

像这样的，通过求长、宽、高里面分别能放几个小物品，最终得到个数的方法，也同样适用于面积类的题目。与面积类的题目相比，体积类的需要增加一个求高里面包含的情况，再将三个结果相乘求得最终结果。

  同学们，长方体包装问题中还有哪些奥秘呢？我们一起来探究。

动手操作

玩具厂工人要在长 21 cm、宽 17 cm、高 11 cm 的长方体包装盒中放入长 10 cm、宽 5 cm、高 4 cm 的礼盒，最多可以放几个？

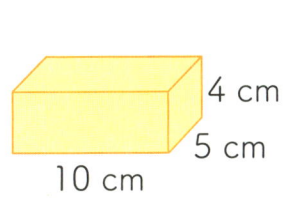
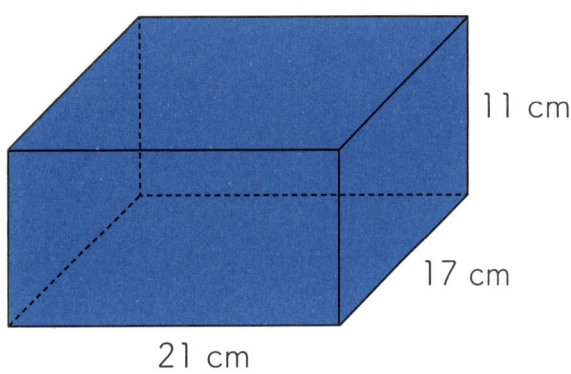

前面我们介绍的三种方法都能解决这个问题吗?试一试!你有什么发现?

我再来画一画。

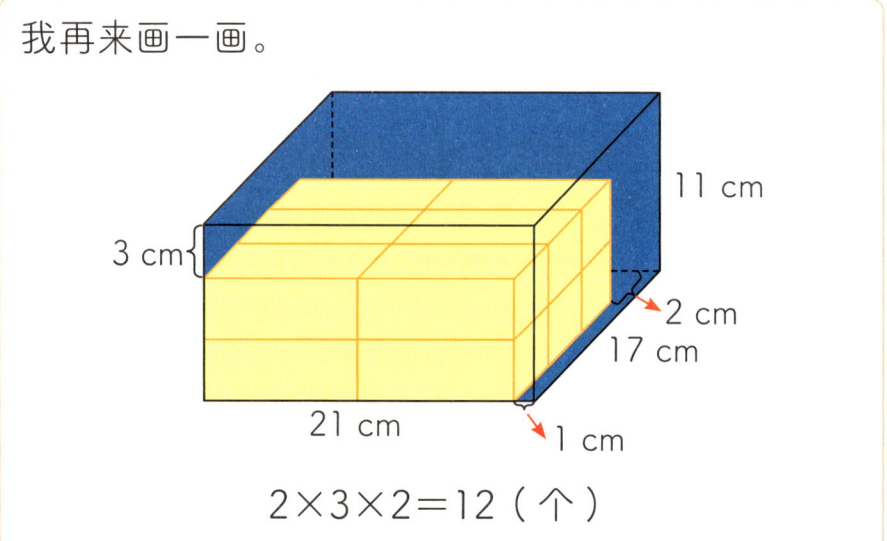

$2×3×2=12$(个)

我继续用列表法。

物品	长（cm）	宽（cm）	高（cm）
包装盒	21	17	11
礼盒	10	5	4

$21÷10=2$（个）……1（cm），
$17÷5=3$（个）……2（cm），
$11÷4=2$（个）……3（cm），
$2×3×2=12$（个）。

我还用大体积÷小体积。
21×17×11÷（10×5×4）＝19（个）……127（cm）。

由画图可知，长只能放 2 个，宽只能放 3 个，高只能放 2 个，因此最多能放 2×3×2＝12（个）。

为什么我用大体积÷小体积的方法求出的结果是 19 个，比其他方法多出了 7 个呢？

因为这道题中包装盒的长、宽、高放完小体积的礼盒后还有剩余，所以不能直接用大体积÷小体积。想一想，还可以怎样放置礼盒？

我知道，还可以把礼盒竖着放进去。

对呀！除了竖着放我还可以再改变放法。

  同学们，通过前面的探究过程，你们发现了什么？来看看吧。

按照不同的放置方法，先画一画，再算一算。

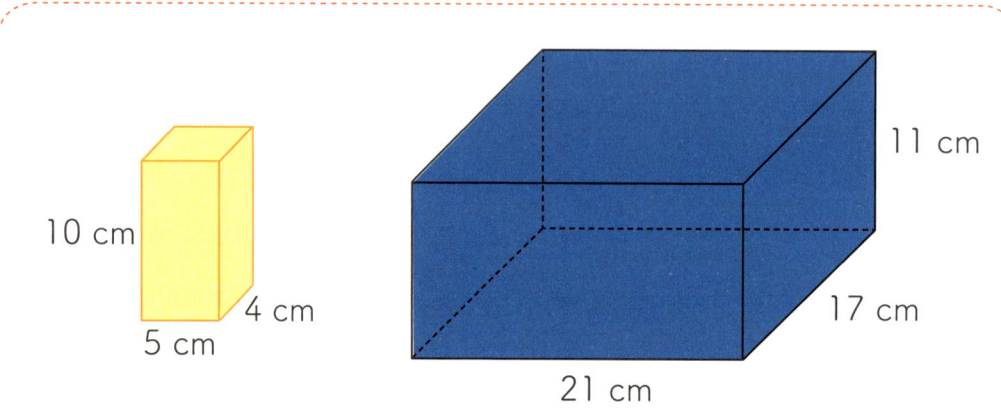

物品	长（cm）	宽（cm）	高（cm）
包装盒	21	17	11
礼盒	5	4	10

22 长方体包装中的问题

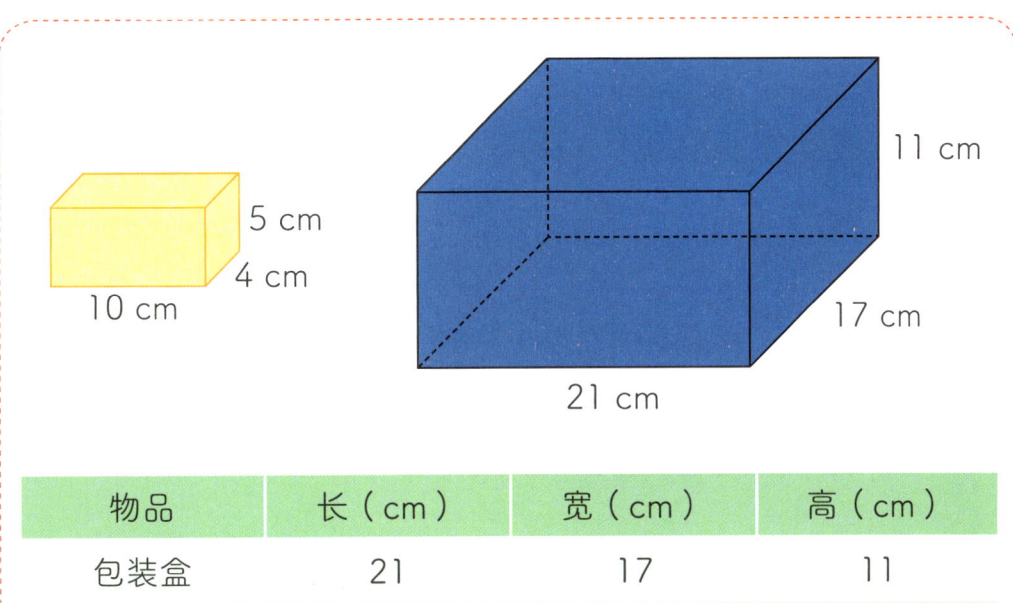

物品	长（cm）	宽（cm）	高（cm）
包装盒	21	17	11
礼盒	10	4	5

一起来交流

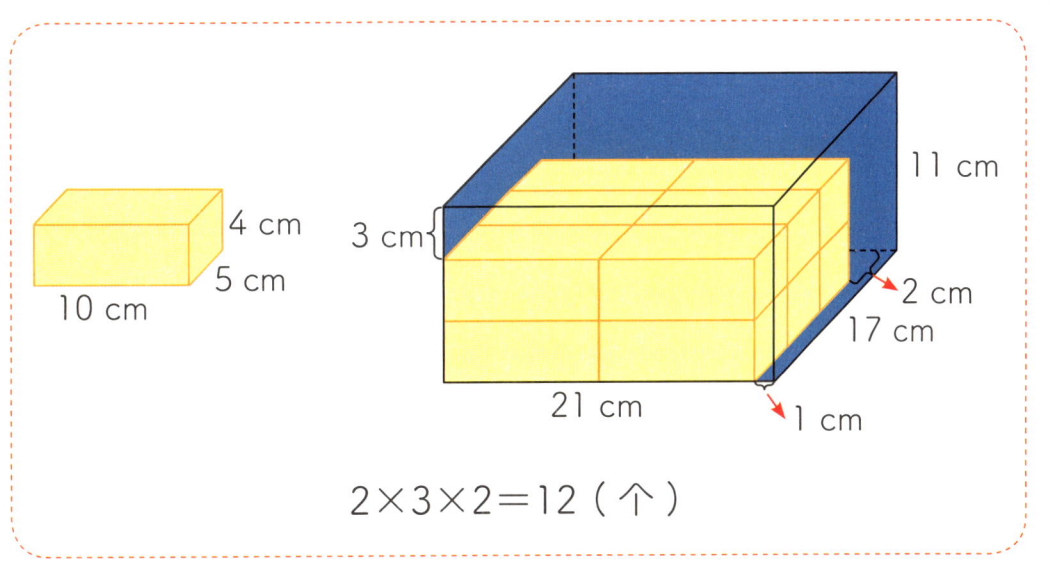

$2 \times 3 \times 2 = 12$（个）

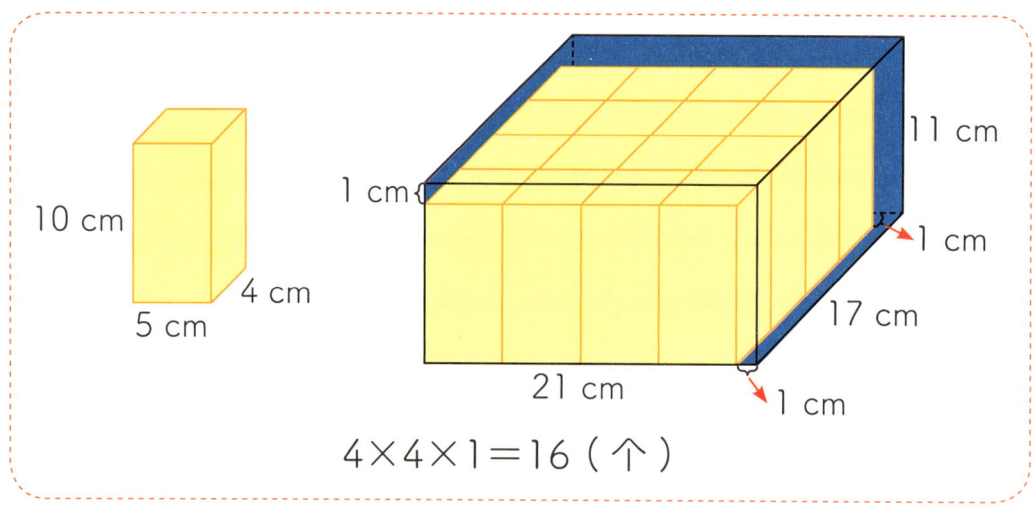

$4 \times 4 \times 1 = 16$（个）

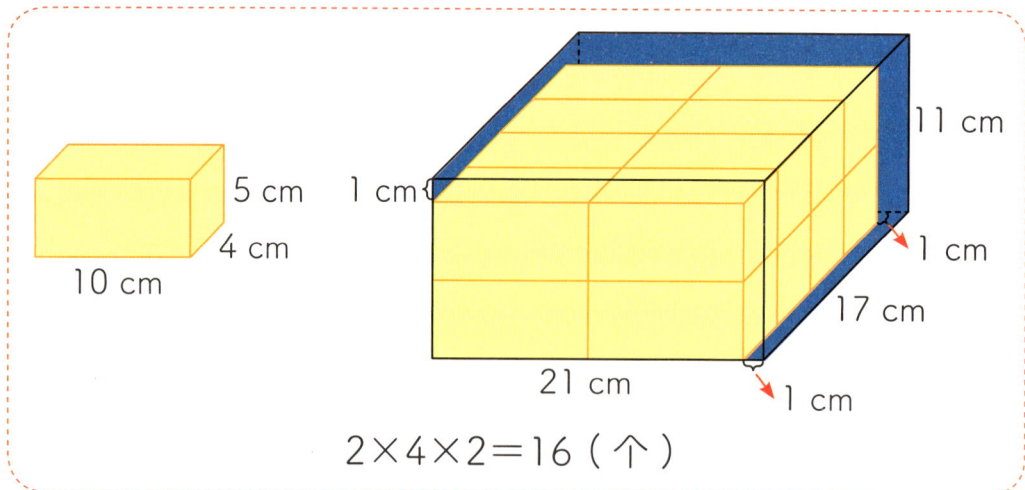

$2 \times 4 \times 2 = 16$（个）

还有其他放置礼盒的方法吗？比一比看看哪种放置方法得到的放置个数最多。你有什么发现？

我发现，需要从长、宽、高三个维度思考，需要三个维度尽量少空余。

有时候还需要根据空余情况,考虑如何再调整方案,以达到放置个数最多的目的。

在解决长方体包装中的问题时,我们要根据实际情况选择最佳放置方法(从长、宽、高三个维度考虑),留出的空隙越少,越能实现最优化。

如图,将下面的礼盒放入右侧的包装盒中,最多可以放几个?

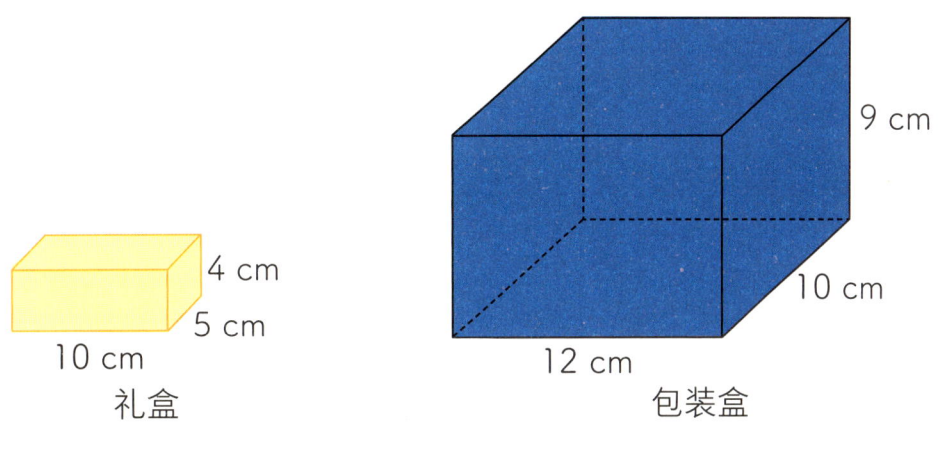

物品	长(cm)	宽(cm)	高(cm)
包装盒	12	10	9
礼盒			

填表并列式:_____;
最多可以放_____个。

> 一起来交流

我来画一画。

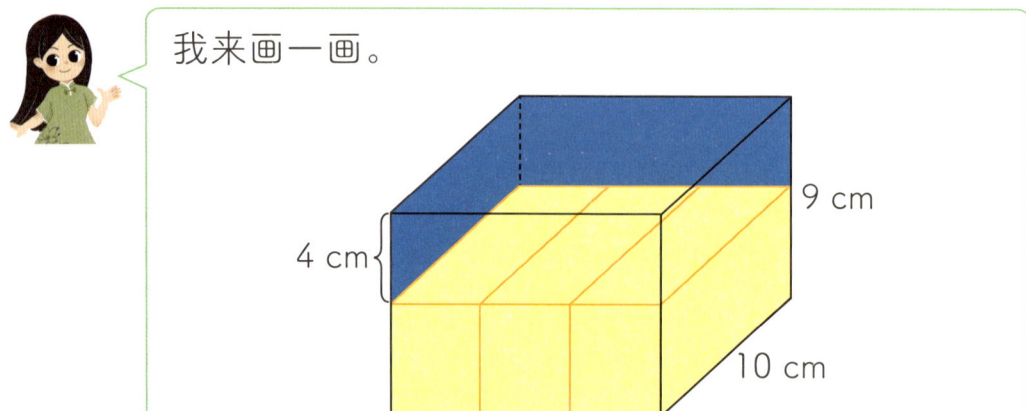

想一想，上面剩余的空间还能再放置礼盒吗？如果可以，最多能放几个呢？

我列表看一下。

	长（cm）	宽（cm）	高（cm）
包装盒	12	10	9
礼盒	4	10	5
剩余空间	12	10	4
礼盒			

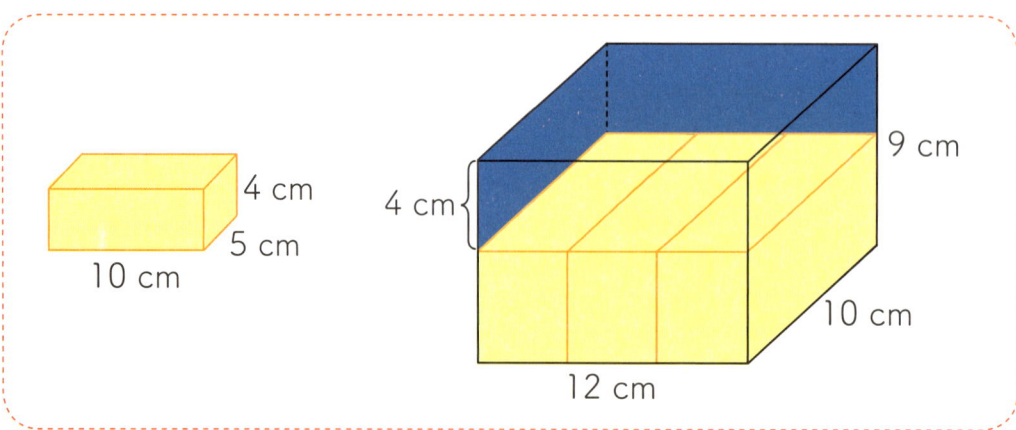

第一次：12÷4=3（个），
　　　　10÷10=1（个），
　　　　9÷5=1（个）……4（cm），
　　　　3×1×1=3（个）；
第二次：12÷5=2（个）……2（cm），
　　　　10÷10=1（个），
　　　　4÷4=1（个），
　　　　2×1×1=2（个）。
最多可以放：3+2=5（个）。

有时候还需要根据实际情况，根据剩余空间的大小，调整放置的方法，从而实现放置方法的最优化。

  同学们，前面讲的方法你们都掌握了吗？我来考考你们。

茶厂工人要将长、宽均为20 cm，高为10 cm的长方体茶盒装入棱长为30 cm的正方体纸箱中，最多能装几盒？怎样才能装下？

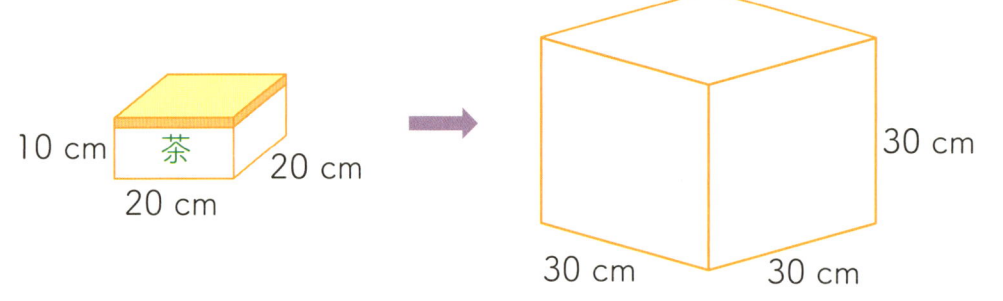

同学们，今天研究的主题涉及华罗庚优选法哦！来看看吧。

优选法指研究如何用较少的试验次数，迅速找到最优方案的一种科学方法。优选法也叫最优化方法。优选法的应用在我国是从20世纪70年代初开始的，首先由数学家华罗庚提出并推广。优选法的本质就是尽可能少做试验，迅速找到生产和科研的最优方案的方法。例如：在现代的科学实验中，怎样选取最合适的配方、配比，寻找最好的操作和工艺条件，找出产品的最合理设计参数，使产品的质量最好，产量最多；或在一定条件下使成本最低，消耗的原材料最少，生产周期最短等。像以上这些需要寻找最合适、最好、最合理方案的情况就要用到优选法。

23 柱体体积

扫码听讲解

数学真奇妙  同学们，你们知道什么样的图形是柱体？柱体的体积你们会算吗？

一个多面体，有两个面互相平行且全等，余下的每相邻两个面的交线互相平行，这样的多面体就是柱体。柱体可分为正柱体、斜柱体。小学阶段我们研究的如正方体、长方体、圆柱体等都是正柱体，也叫直棱柱，它们的上下两面与剩余各面是垂直关系。你会计算它们的体积吗？你还知道哪些直棱柱？

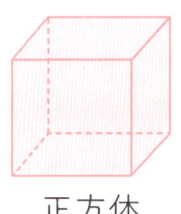 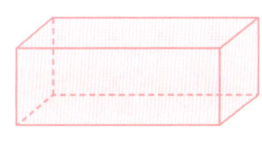 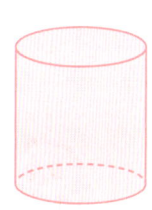

正方体　　　　　长方体　　　　　圆柱体

一起来交流

我会算。正方体的体积＝棱长³，长方体的体积＝长×宽×高，圆柱体的体积＝底面积×高。

我知道直棱柱还有三棱柱、五棱柱、六棱柱……

我知道正方体、长方体、圆柱体的体积都可以用"底面积×高"来计算。

你们真棒！正方体、长方体、圆柱体的体积都可以用"底面积×高"来计算，那么其他直棱柱的体积呢？也能用 $V=Sh$ 来计算吗？

动手来探究

同学们，其他直棱柱的体积如何计算呢？我们一起来探究。

动手操作

右图是一个三棱柱，它的体积怎样计算？

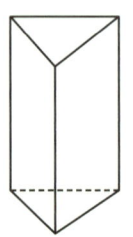

能不能将它转化成我们熟悉的图形呢?

 沿着三棱柱底面三角形的高线将三棱柱垂直平分成两半,然后拼组成长方体,则 $V_{三棱柱} = V_{长方体}$。

转化

也可以将两个一模一样的三棱柱拼成四棱柱呀!

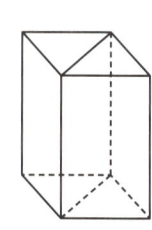
$$V_{三棱柱} = \frac{1}{2} V_{四棱柱}$$
$$= \frac{1}{2} \times 底面积(平行四边形) \times 高$$
$$= 底面积(三角形) \times 高$$

 那是不是也可以将三棱柱沿着高对半切开拼组成四棱柱求体积呀!

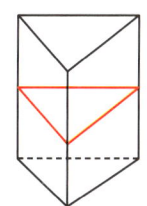 转化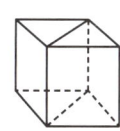

$$V_{三棱柱} = V_{四棱柱}$$
$$= 底面积（平行四边形）\times \frac{1}{2} \times 高$$
$$= 底面积（三角形）\times 高$$

运用转化的方法将三棱柱转化成我们熟悉的四棱柱来计算得到它的体积，因此 $V_{三棱柱} = Sh$。

神奇大揭秘  同学们，通过前面的探究过程，你们发现了什么？来看看吧。

五棱柱的体积怎么计算呢？想一想，五棱柱可以转化成什么图形？

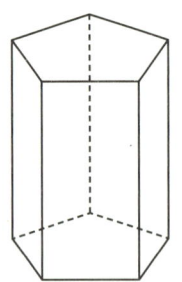

我来算。如图，把五棱柱分成三个三棱柱，则：

$V_{五棱柱}=V_{三棱柱1}+V_{三棱柱2}+V_{三棱柱3}$

＝底面积1×高＋底面积2×高＋底面积3×高

＝（底面积1＋底面积2＋底面积3）×高

＝底面积×高

运用转化的方法将多棱柱转化成我们熟悉的三棱柱来计算得到它的体积。

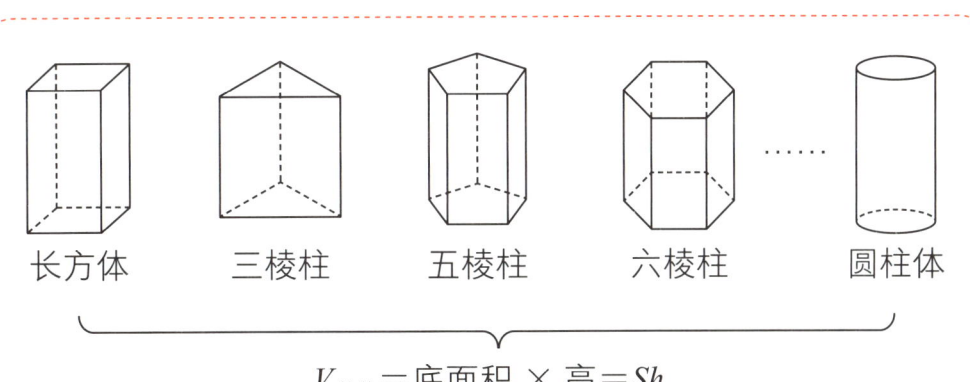

长方体　　三棱柱　　五棱柱　　六棱柱　　圆柱体

$V_{柱体}=$ 底面积 × 高 $=Sh$

通过转化，直棱柱的体积都可以用底面积乘高来计算，即 $V=Sh$。

知识我会用

同学们，前面讲的方法你们都掌握了吗？我来考考你们。

如图，将用橡皮泥捏成的茄子放进六棱柱形容器中，水位上升了 2 cm，如果将这个茄子放进三棱柱形容器中，水位会上升多少厘米？

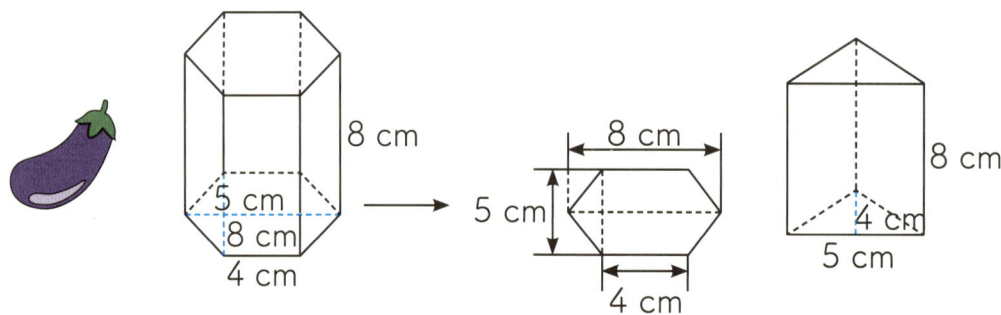

智慧小链接  同学们,我们再来看一个有趣的问题——圆柱容球。

圆柱容球就是把一个球放进一个圆柱形的容器中,然后盖上容器盖子,球恰好与圆柱的上、下底面及侧面紧密接触。

如图,当圆柱容球时,球的直径与圆柱的高和底面直径相等。假设圆柱的底面半径为 r,那么圆柱的体积 $V_{圆柱} = \pi r^2 \times 2r = 2\pi r^3$。阿基米德发现并证明了球的体积公式是 $V_{球} = \dfrac{4}{3}\pi r^3$,因此 $V_{球} = \dfrac{2}{3} V_{圆柱}$,即当圆柱容球时,球的体积正好是圆柱体积的 $\dfrac{2}{3}$。

阿基米德还发现,当圆柱容球时,球的表面积也是圆柱表面积的 $\dfrac{2}{3}$。是不是很神奇?你能算出圆柱和球的表面积吗?

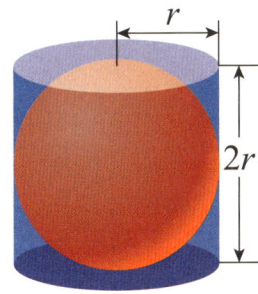

24 圆周率

扫码听讲解

数学真奇妙  同学们，你们知道每年的 3 月 14 日是什么日子吗？

读一读

每年的 3 月 14 日是国际圆周率日（Pi day），是庆祝圆周率 π 的特别日子，由圆周率最常用的近似值 3.14 而来。

全球各地的数学家们，通常是在每年的 3 月 14 日下午 1 时 59 分庆祝，以象征圆周率的六位近似值 3.14159，有时甚至精确到 26 秒，以象征圆周率的八位近似值 3.1415926；习惯 24 小时记时的人在凌晨 1 时 59 分或者下午 15 时 9 分举行庆祝活动。

一起来交流

 哇！我还是第一次听到这么有意思的节日呢。

对啊！数学家们还这么浪漫，为 π 专门设立一个节日。

 你们可别小看圆周率 π，它在数学中占有重要的地位。

24. 圆周率

圆周率（π）是圆的周长与直径的比值，是精确计算圆周长、圆面积、球体积等几何形状的关键值，也是我们小学阶段认识的唯一一个无理数。

  同学们，如果没有圆周率，那么如何计算圆的周长呢？

动手操作

如图是一个直径为 4 cm 的圆，请你想办法测出它的周长。

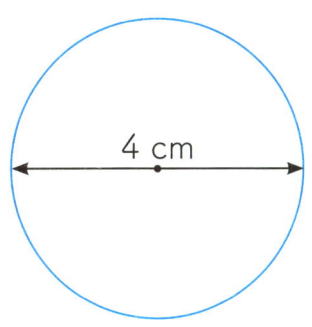

一起来交流

 圆是曲线，怎么测量周长呢？

我有办法，可以找一根绳子，把这个圆围起来，然后测量绳子的长度。

你的方法很好！这叫化曲为直。如果你家里有软尺的话，那么也可以用软尺来测量。

可是，假设圆比较小或者非常大，不便于测量的时候，该怎么办呢？

是啊，而且手动测量也容易产生误差。

是的，你们提的问题非常好。这时候就需要圆周率π出场了。

神奇大揭秘

同学们，你们知道圆周率π的数值是如何得到的吗？来看看吧。

一起来交流

你们知道吗？在我国古代，有好多位数学家研究过圆周率π呢！

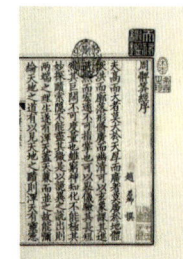 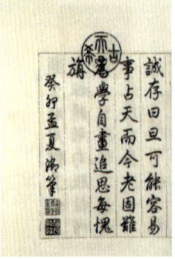
在中国，圆周率最早在《周髀算经》（约公元前2世纪）中就有记载："径一而周三。"即 π=3。

24. 圆周率

张衡（78—139）给立方体定名为质，给球体定名为浑。他研究过球的外切立方体的体积和内接立方体的体积，研究过球的体积，其中还规定圆周率的值为 $\sqrt{10}$（约为3.162）。他是我国第一个在理论上求得 π 的值的人。

$$\frac{\pi^2}{16}=\frac{5}{8} \Rightarrow \pi=\sqrt{10}\approx 3.162$$

公元263年，中国数学家刘徽用"割圆术"计算圆周率。他从圆内接正六边形开始割圆，每次边数倍增，一直算到圆内接正192边形，得到 $\pi=\dfrac{157}{50}=3.14$。

他说："割之弥细，所失弥少，割之又割，以至于不可割，则与圆周合体而无所失矣。"这包含了求极限的思想。刘徽继续割圆到1536边形，求出3072边形的面积，得到圆周率 $\pi=3.1416$。

右图就是刘徽"割圆术"示意图。

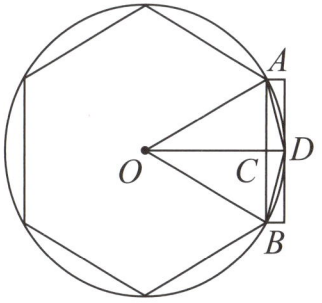

由于测量工具的限制和误差，测量曲线非常困难。因此，刘徽通过化曲为直的方法，利用圆内接正多边形的周长替代圆的周长。从圆内接正六边形开始，逐步翻倍分割，分割越多，多边形的周长就越接近圆的周长，体现出极限的思想。

公元480年左右，南北朝时期的数学家祖冲之进一步得出精确到小数点后7位的 π 值，给出不足近似值3.1415926和过剩近似值3.1415927，还得到两个近似分数值，密率 $\frac{355}{113}$ 和约率 $\frac{22}{7}$ 。

祖冲之计算出的 π 值已经相当精确了，保持了近千年的纪录。

看了我国古代圆周率的发展史，你们有什么感受？

我国古代的数学家实在是太聪明了，能想到"割圆术"这样的方法！

作为一个中国人，我觉得很自豪！我们的民族太优秀了！

我国古代数学领域人才辈出，其发展源远流长，成就辉煌！

数学是中国古代科学中的一门重要学科。相传西周初年（公元前11世纪）周公制礼，数学成为贵族子弟教育中六门必修课程——六艺之一。

24. 圆周率

知识我会用  同学们，前面讲的知识你们都理解了吗？我来考考你们。

古人为了增强木质车轮的耐磨性，会在车轮的外围包一层铁皮。现有一辆马车，车轮半径长 20 cm，轮宽 5 cm，请你算一下，车轮外围长方形铁皮的面积是多少？（π 取 3.14）

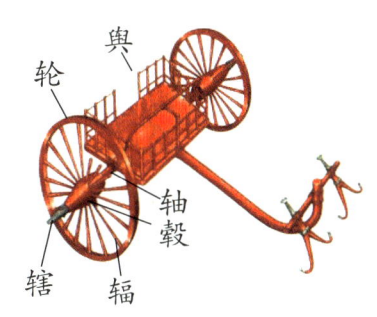

智慧小链接  同学们，下面我们来了解一下关于圆周率的冷知识。

一块古巴比伦石匾（产于公元前 1900 年—前 1600 年）清楚地记载了圆周率为 $\frac{25}{8}$ =3.125。同一时期的古埃及文物莱因德数学纸草书也表明圆周率等于分数 $\frac{16}{9}$ 的平方，约等于 3.1605。公元前 800 年至前 600 年成文的古印度宗教巨著《百道梵书》显示了圆周率等于分数 $\frac{339}{108}$，约等于 3.139。经吉尼斯世界纪录认证，目前 π 的最准确值超过小数点后 62,831,853,071,796 位。

25 绘制国旗

扫码听讲解

数学真奇妙  同学们，你们了解我国的国旗吗？知道如何标准绘制吗？

中华人民共和国国旗是五星红旗，是中华人民共和国的象征和标志。国旗的设计者是曾联松。1949年9月27日，中国人民政治协商会议第一届全体会议代表通过了以五星红旗为国旗的议案。1949年10月1日开国大典上，第一面中华人民共和国国旗在天安门广场首次升起。

国旗旗面为红色，长方形。旗面左上方缀黄色五角星五颗。一星较大，居左；四星较小，环拱于大星之右。国旗的红色象征革命。旗上的五颗五角星及其相互关系象征共产党领导下的革命人民大团结。五角星用黄色是为了在红地上显出光明，黄色较白色明亮美丽，四颗小五角星各有一尖正对着大星的中心点，这是表示围绕着一个中心而团结，在形式上也显得紧凑美观。

一起来交流

关于我国的国旗,你们还知道哪些知识?

我知道,我国的国旗旗面长与高的比例是 3∶2;旗面左上方的五颗黄色五角星中,大五角星的外接圆直径为旗面高度的 $\frac{3}{10}$,较小的四颗星,其外接圆直径为旗面高度的 $\frac{1}{10}$。

根据 1949 年 9 月 28 日中国人民政治协商会议第一届全体会议主席团公布的《国旗制法说明》,中华人民共和国国旗的形状、颜色两面相同,其通用尺度定为如下五种:长 288 厘米,高 192 厘米;长 240 厘米,高 160 厘米;长 192 厘米,高 128 厘米;长 144 厘米,高 96 厘米;长 96 厘米,高 64 厘米。特殊情况使用其他尺度的国旗,应当按照通用尺度成比例适当放大或者缩小。

我先从通用尺度中选择一种,按比例缩小后画一个长方形作为旗面,再画五角星。哎呀,标准的五角星好难画啊!怎么办呢?

 同学们，标准的五角星到底该怎么画呢？一起来探究吧。

动手操作

你知道五角星有哪些特征吗？你能画出标准的五角星吗？先说一说，再画一画。

一起来交流

 如果要画一个标准的五角星，需要注意什么？可以试着量一量、折一折、画一画，从角、边的角度来分析哦！

五角星有5个顶点、10条边，每条边长度相等。

 五角星是一个轴对称图形，它有5条对称轴。以五角星的中心点为圆心画圆，它的5个顶点都在圆上。

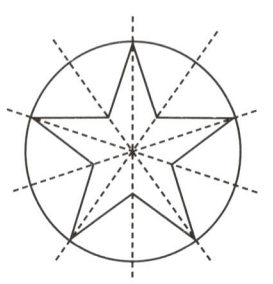

25. 绘制国旗

五角星可以分割成 5 个完全相等的等腰三角形和 1 个正五边形，它们的角度分别如右图所示。

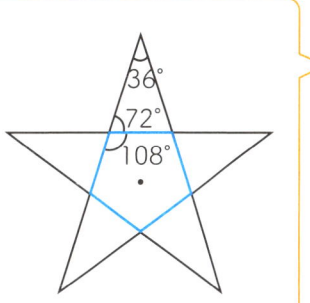

五角星内的每一个三角形都是黄金三角形。顶角为 36° 的等腰三角形，其底与腰之比等于黄金比（约为 0.618∶1），这样的三角形被称为黄金三角形。如果在任意一个三角形中画出两个底角的平分线，那么就会得到两个新的黄金三角形，持续画会得到无数个黄金三角形，由此，还可以得到许多五角星。

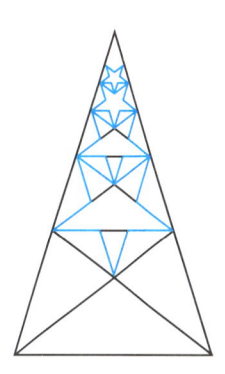

如图，△ABC 和 △ABF 都是黄金三角形，AC∶BC＝CD∶BC，BC∶BD＝CD∶BC，底边与腰的比等于腰与底边和腰之和的比。点 C 是线段 BD 的黄金分割点，并且五角星的相邻两条线段的所有交点均是相应连线的黄金分割点。

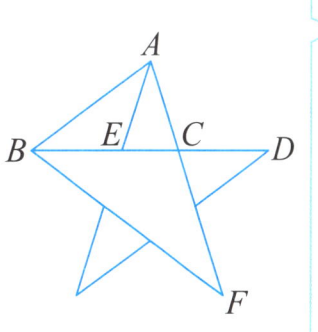

你们分析得不错，真棒！

神奇大揭秘

 同学们，现在你们知道如何绘制标准的五角星了吧？

一起来交流

 我们可以利用五角星角的特征以及边的特征来画。

方法一：

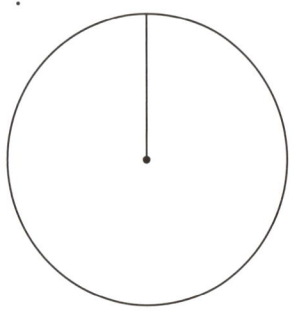

❶ 以任意一点为圆心，任意长度为半径画一个圆，并画上一条半径。

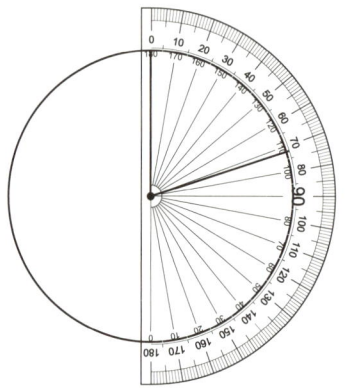

❷ 以半径为角的一边，画一个72°的角，与圆相交，得到1个顶点。

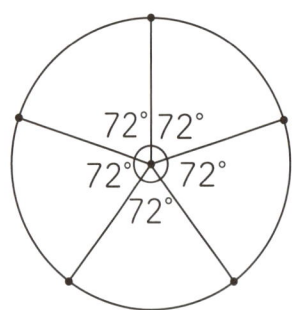

❸ 重复上述步骤，确定好五角星的5个顶点。

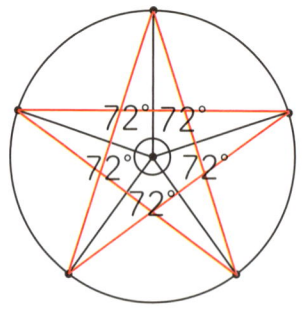

❹ 隔点连接（记得擦除多余的线、点和数字），得到一个五角星。

方法二：

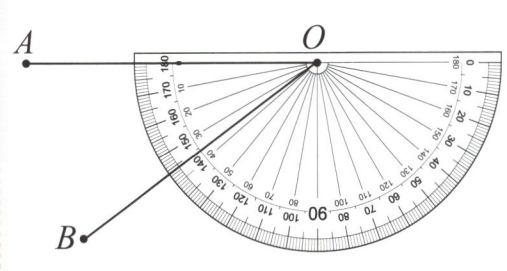
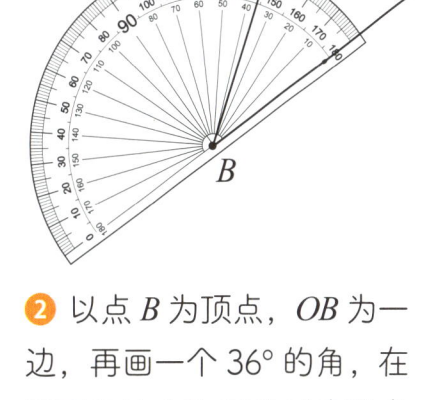

❶ 以任意一点 O 为顶点，画一个 36° 的角，角的两边取同样长度，确定 2 个顶点 A、B。

❷ 以点 B 为顶点，OB 为一边，再画一个 36° 的角，在新画的边上取同样长度确定顶点 C。

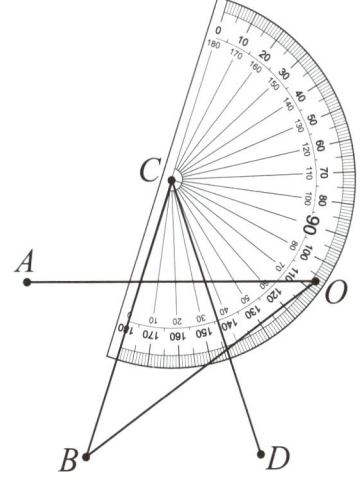

❸ 以点 C 为顶点，BC 为一边，再画一个 36° 的角，在新画的边上取同样长度确定顶点 D。

❹ 连接 AD，擦除多余的线、点和字母，得到一个五角星。

画五角星的方法有好多种，有兴趣的同学可以上网查询。

现在旗面我们画好了，五角星也会画了，那么五角星的位置如何确定呢？

我发现四颗小五角星都有一角正对着大五角星的中心点。

是的。我们来看看《国旗制法说明》中对五角星位置与画法的规定。

五星之位置与画法如下：

甲、为便于确定五星之位置，先将旗面对分为四个相等的长方形，将左上方之长方形上下划为十等分，左右划为十五等分。

乙、大五角星的中心点，在该长方形上五下五、左五右十之处。其画法为：以此点为圆心，以三等分为半径作一圆。在此圆周上，定出五个等距离的点，其一点须位于圆之正上方。然后将此五点中各相隔的两点相联，使各成一直线。此五直线所构成之外轮廓线，即为所需之大五角星。五角星之一个角尖正向上方。

丙、四颗小五角星的中心点，第一点在该长方形上二下八、左十右五之处，第二点在上四下六、左十二右三之处，第三点在上七下三、左十二右三之处，第四点在上九下一、左十右五之处。其画法为：以以上四点为圆心，各以一等分为半径，分别作四个圆。在每个圆上各定出五个等距离的点,其中均须各有一点位于大五角星中心点与以上四个圆心的各联结线上。然后用构成大五角星的同样方法,构成小五角星。此四颗小五角星均各有一个角尖正对大五角星的中心点。

我来画一画。

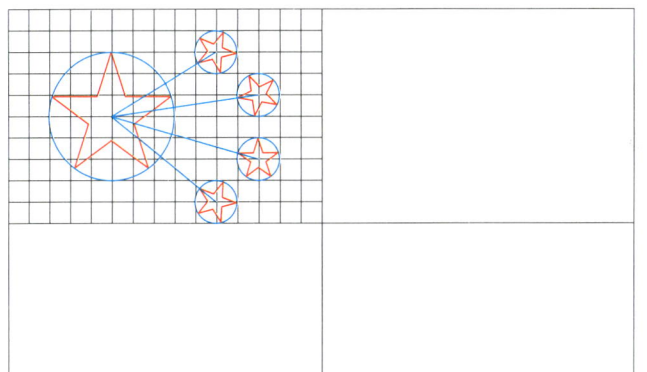

我按等分方法标上数字,看看你画得对不对。

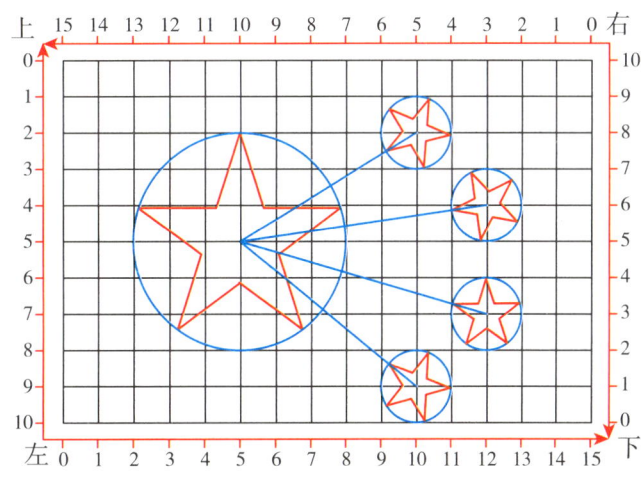

哇,你画得真不错!

那当然！现在你们会画了吗？

大家画完记得擦除多余的线条，并涂上相应的颜色哦！

知识我会用  同学们，前面讲的方法你们都学会了吗？我来考考你们。

请根据《国旗制法说明》和前面讲的画法，在下面的虚线框中画一面标准的五星红旗。

25.绘制国旗

智慧小链接  同学们,你们知道五星红旗的设计者曾联松爷爷吗?来看看吧。

曾联松(1917—1999),浙江瑞安人,中华人民共和国国旗图案设计者。曾任第五届上海市政协委员、第六届上海市政协常委。

1949年7月中旬,曾联松在报纸上看到新中国国旗图案征稿启事。虽然不是美术设计专业出身,但他决定投身这一具有伟大意义的设计工作。经过一个多月的冥思苦想,他完成了设计:以一颗内含镰刀斧头的大五角星象征伟大的中国共产党,以四颗小星代表广大人民,每颗小星均有一个角尖正对大星的中心,大星引导在前,小星环拱于后,象征人民紧紧地环绕在党的周围,团结战斗,从胜利走向胜利。五角星设计为黄色,既与象征革命的旗面红色相协调,又表达了中华儿女黄色人种的民族特征。五星位于旗面左上方,居高临下,光彩闪耀,如星光映照大地,庄严而显华丽,简明而有气势。

最终,曾联松的设计在近3000幅的应征稿件中脱颖而出,并经过小幅调整后成为国旗图案。郭沫若曾这样评价五星红旗:"头颅换得金星五,满地红旗众手擎。"

26 华罗庚直接法

扫码听讲解

数学真奇妙  同学们,你们听说过华罗庚吗?你们知道华罗庚直接法吗?

 华罗庚是国际数学大师、中国科学院院士,是我国解析数论、矩阵几何学、典型群、自安函数论等多方面研究的创始人和开拓者,也是中国解析数论学派的创始人。

华罗庚爷爷的代表作有《堆叠素数论》《优选法》等。

 华罗庚(1910—1985),被誉为"中国现代数学之父",被列为芝加哥科学技术博物馆中当今世界88位数学伟人之一。

华罗庚还发明了华罗庚直接法。所谓"直接法",就是用尽量简单初等的数学工具及单刀直入的方法来处理数学中的一些重要问题的一种方法。

26. 华罗庚直接法

动手来探究  同学们,你们知道华罗庚直接法如何应用吗?我们一起来探究吧。

动手操作

一个长方体长 10 m,宽 8 m,高 6 m,将它的长增加 4 m 得到一个新的长方体。新得到的长方体比原来的长方体体积大多少?试一试,算一算。

一起来交流

 可以用"新长方体的体积－原来长方体的体积＝增加的体积"来计算,即(10+4)×8×6－10×8×6=672－480=192(m³)。

除了可以像你这样解决，还可以画图试试。通过画图我们发现，增加部分的体积就是图中红色长方体的体积，因此增加部分的体积可以直接用 4×8×6＝192（m³）来计算。用华罗庚直接法是不是更简便？

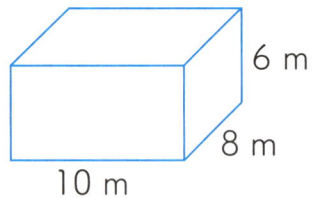
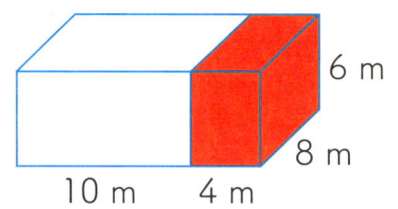

实际上，华罗庚直接法除了可以运用在图形计算方面，在其他很多地方都可以运用。

 同学们，通过前面的探究，你们发现了什么？继续来看看吧！

某修路队修一条路，10人用10天时间修了800 m，恰好是这条路全长的 $\frac{1}{9}$。按这样的速度，该修路队修完这条路要用多少天？

26. 华罗庚直接法

一起来交流

这道题如何运用华罗庚直接法呢?我先画画图。

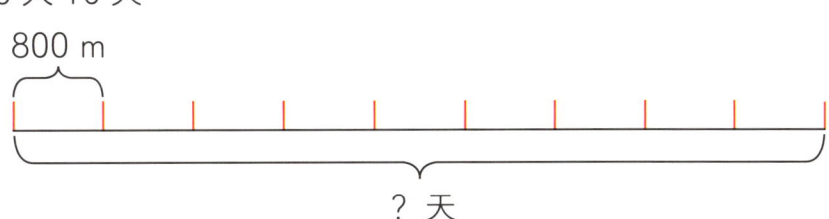

然后怎么解决呢?

方法一:$800 \div \dfrac{1}{9} = 7200$(m),

$800 \div 10 = 80$(m),

$7200 \div 80 = 90$(天)。

根据 800 m 是全长的 $\dfrac{1}{9}$,先求出这条路的全长,再求修路队一天修的路长,最后求出所用天数。

方法二:$800 \div \dfrac{1}{9} = 7200$(m),

$7200 \div 800 = 9$,

$10 \times 9 = 90$(天)。

先求出这条路的全长,再求出全长 7200 m 是 800 m 的几倍,修的总天数也就是 10 天的几倍,最后求解。

 根据线段图大家知道 10 天修的路与全长的关系,那 10 天跟总天数有怎样的关系呢?是的,10 天也是总天数的 $\dfrac{1}{9}$ 哦!

真不错！我们可以利用各数据之间的关系来解决问题。还有更简洁的方法吗？

方法三：$\dfrac{1}{9} \div 10 = \dfrac{1}{90}$，

$1 \div \dfrac{1}{90} = 90$（天）。

根据 10 天是总天数的 $\dfrac{1}{9}$，先求出每天修了总天数的几分之几，然后求解。

方法四：$10 \div \dfrac{1}{9} = 90$（天）。

因为 10 天是总天数的 $\dfrac{1}{9}$，所以可以直接求总天数。

方法四更直接！华罗庚直接法真是太神奇了！

运用华罗庚直接法可以抓住本质，快速地解决问题，较一般解题方法更简洁！

知识我会用

同学们，前面讲的方法你们都学会了吗？我来考考你们。

某厂需要生产一批零件，按 5∶3 分给甲、乙两队完成，甲队生产了 480 个零件，即完成本队任务的 $\dfrac{4}{5}$ 后调走，剩下的由乙队完成。

问：乙队需要生产多少个零件才能完成生产任务？

智慧小链接  同学们，现在我给大家讲一个与华罗庚直接法有关的小故事吧。

《华罗庚传》中的"第四篇 难忘的战争岁月"中提到，全面抗战时期，在大后方昆明，华罗庚生活比较艰难，时常要躲避日本飞机的空袭。

有一次，为了躲避空袭，华罗庚和助手闵嗣鹤以及几个学生来到了一片树林里，人们席地而坐听他讲课。华罗庚问了一个问题："假如我是个船长，船有 9 m 宽，18 m 长，坐了 50 人，载了 5000 千克货……问：船长有多少岁？"人们一面认真地在本子上记，一面急切地思索着。

"27！"只听了第一句话就跑到旁边去玩的华顺，转了一圈回来听见父亲问，忽然机敏地答道。助手和学生们听了还没有明白过来是怎么回事，只听父女两人对话说：

"你怎么知道的？"

"哎，你刚才不是说你是船长吗？"华顺理直气壮地说。

"噢——答对了！"华罗庚听了，不禁笑了。

华顺虽然回答得完全正确，可是只有到了若干年以后，她才真正懂得父亲的"直接法"原来是把不相干的东西一下子就排除掉，抓住最本质的东西的演算方法。

27 绘制党旗

扫码听讲解

数学真奇妙  同学们,你们知道中国共产党的党旗是什么样的吗?

 中国共产党的党旗是长方形的,旗面为红色,左上角缀有金黄色党徽图案,党徽是由镰刀和锤头组成的。

中国共产党的党徽党旗是中国共产党的象征和标志。

 党旗中锤头和镰刀以及党旗的尺寸都是有规定的。如果想绘制一面标准的党旗,那么需要注意什么事项呢?

需要确定党旗的尺寸、党徽的位置,还有就是党徽的准确画法。

27. 绘制党旗

  同学们，如何绘制一面标准的党旗呢？我们一起来探究。

根据 2021 年 6 月 26 日中共中央发布的《中国共产党党徽党旗条例》，党旗的通用尺度为下列 5 种：

（一）长 288 厘米，宽 192 厘米；
（二）长 240 厘米，宽 160 厘米；
（三）长 192 厘米，宽 128 厘米；
（四）长 144 厘米，宽 96 厘米；
（五）长 96 厘米，宽 64 厘米。

在特定场合需要使用非通用尺度党旗的，应当按照通用尺度成比例适当放大或者缩小。

党徽直径的通用尺度为下列 3 种：
（一）100 厘米；
（二）80 厘米；
（三）60 厘米。

需要悬挂非通用尺度党徽的，应当按照通用尺度成比例适当放大或者缩小，与悬挂背景、场合相适应。

根据《中国共产党党旗制法说明》：

1. 旗面长宽之比为 3∶2，旗面左上方 $\frac{1}{4}$ 部分缀党徽图案。

2. 画旗面长与宽中线将旗分成 4 等分的长方形，左上方长方形内划出横 18 竖 12 等分的小方格。党徽图案切于 8×8 小方格的正方形内，正方形的上部与旗上边空 3 格，左侧与旗左边空 4 格。

我明白了。我先从通用尺度中选择一种，按比例缩小后画一个长方形作为旗面，再画党徽。这时需要先将党旗进行 4 等分，再将左上长方形的长 18 等分，宽 12 等分。党徽的位置要在左数第 5 格，右数第 7 格，上数第 4 格，下数第 2 格的边长为 8 格长度的正方形内。

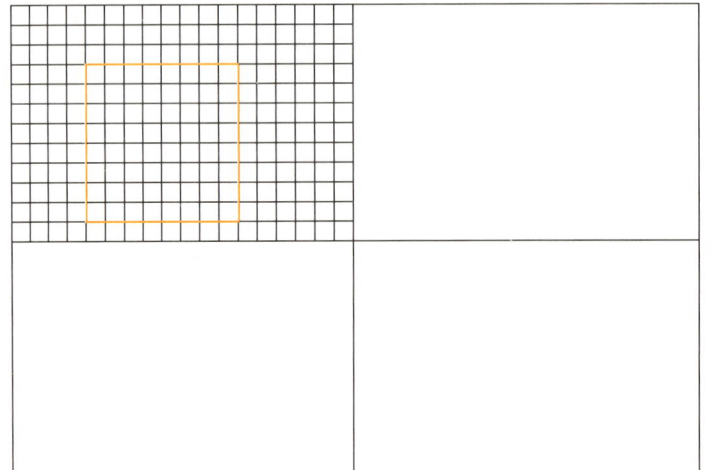

知道了党徽的位置，那怎么才能画一个标准的党徽呢？

27. 绘制党旗

  旗面画好了,党徽的位置也确定了,那如何画一个标准的党徽呢?

 你们觉得绘制党徽需要确定几个圆心?

镰刀一个圆心,镰刀把一个圆心,锤头上面的圆弧需要确定一个圆心,因此一共需要确定3个圆心。

 实际上需要确定7个圆心哦!为了更精准地找到圆心,我们需要先将这个8×8的正方形边长进行32等分。

是的。《中国共产党党旗制法说明》中对党徽的画法有严格规定,下面我们根据规定来画一画吧。

❶ 将一正方形分为32等分,分格线条编号为横向1～33,竖向1′～33′。画出对角线AC、BD。

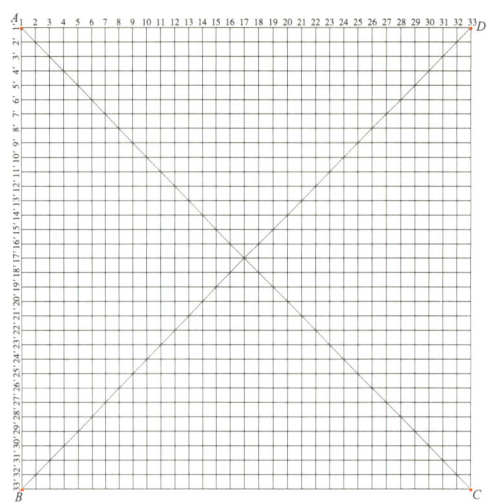

2️⃣ 锤头的画法：连接 E（29、33′）、F（33、29′），并从 E、F 两点作 AC 的平行线，构成锤把。从 G 点（8&9、18′&19′的中点）作 BD 的平行线至 H（19&20、7′&8′的中点），从 G、H 两点分别作 AC 的平行线至 I（4、14′）、J（17、5′），从 I 点作 BD 的平行线，以 K 点（13&14的中点、1′）为圆心、KJ 为半径画弧交于 L 点，构成锤头。

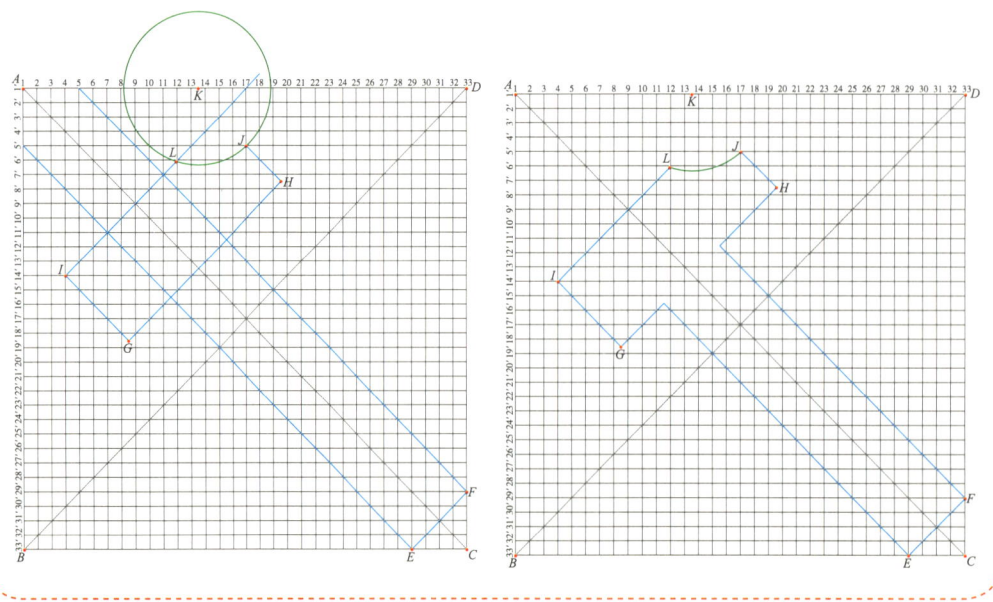

3 镰刀的画法：

（1）以 M 点（17、17′）为圆心、MN（N 点为 17、1′）为半径画弧 $\overset{\frown}{NO}$（O 点为 17、33′）；

（2）以 P 点（17、15′）为圆心、PO 为半径画弧，与 HG 的延长线交于 Q 点；

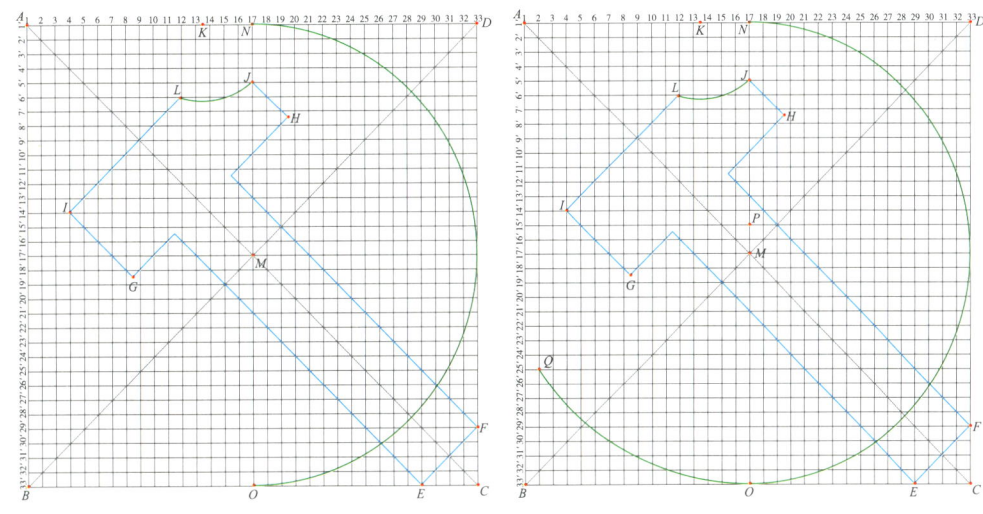

（3）以 R 点（11、16′&17′中点）为圆心、RN 为半径画弧，与通过 R 点的水平线交于 S 点；

（4）以 T 点（16&17、16′&17′ 的中点）为圆心、TS 为半径画弧，与通过 T 点的垂直线交于 U 点；

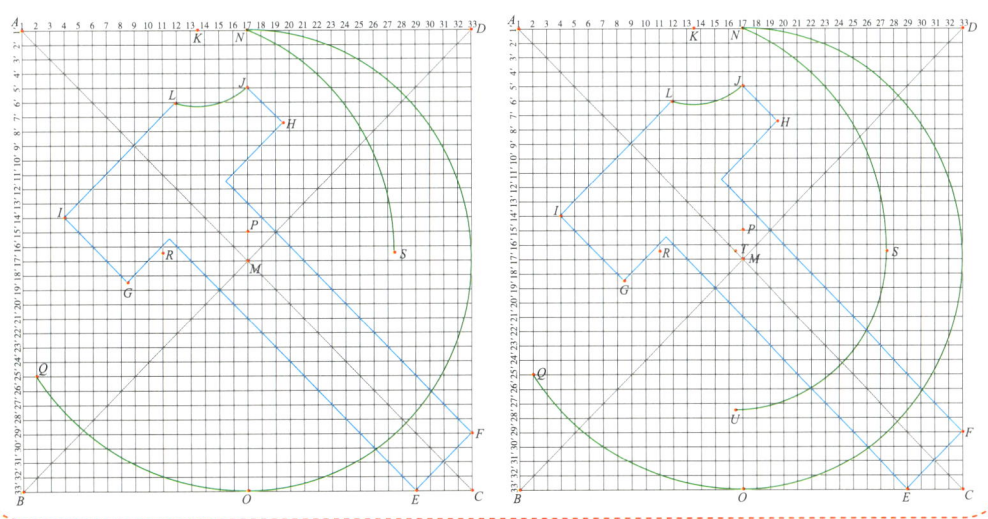

（5）以 V 点（16&17 的中点、11′）为圆心、VU 为半径画弧，与 HG 的延长线交于 W，构成镰刀。

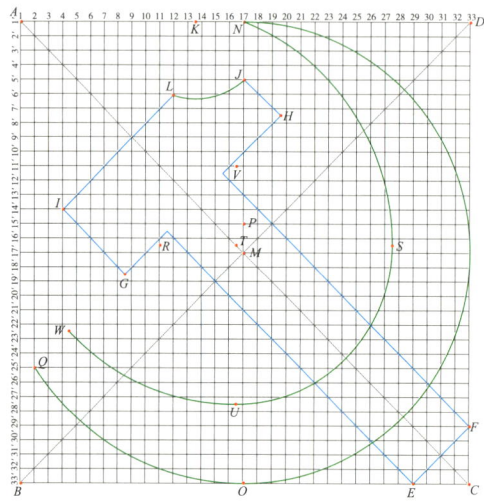

（6）以 X 点（3&4、30′&31′ 的中点）为圆心作圆与 AB、BC 线相切，从 Y 点（6、30′）、Z 点（4、28′）分别作直线平行于 BD，构成镰刀把。

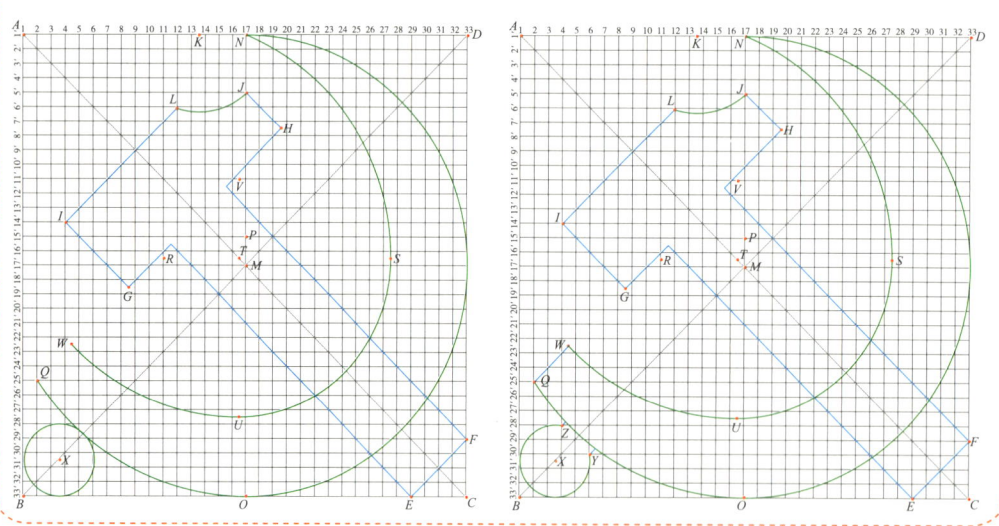

画完记得擦除多余的线条和字母，然后涂上相应的颜色哦！

27. 绘制党旗

  同学们,前面讲的方法你们都学会了吗?我来考考你们。

请根据《中国共产党党徽党旗条例》《中国共产党党旗制法说明》和前面讲的画法,在下面的虚线框中画一面标准的中国共产党党旗。

  同学们,你们知道党旗的演变历史吗?来看看吧。

党旗的历史演变,主要经历了初步规范、过渡时期、规范时期三个阶段。党旗的规范时期为 1996—2002 年。

1995年4月，中共中央责成中央组织部会同有关部门对党旗党徽的制作和使用的规范化问题提出意见，并起草《中国共产党党旗党徽制作和使用的若干规定》。1996年9月21日，中共中央办公厅印发了《中国共产党党旗党徽制作和使用的若干规定》（中办发〔1996〕25号），指出："中国共产党党旗为旗面缀有金黄色党徽图案的红旗。中国共产党党徽为镰刀和锤头组成的图案。"《规定》共12条，对党旗党徽的性质、式样、规格、制作和使用等都做出了明确而具体的规定，更加完善地规范了党旗党徽的样式和使用。至此，党旗党徽有了统一规范的标准式样。党旗党徽的显著变化是"镰刀把"由抽象矩形到更加抽象、艺术化的"镰刀把"。

　　2002年11月14日，中国共产党第十六次全国代表大会通过了关于《中国共产党章程（修正案）》的决议，增写了"党徽党旗"一章，作为第十一章，首次列入关于党徽党旗的规定。对于维护党徽党旗的严肃性，发挥党徽党旗的感召力，增强党员的光荣感、使命感，增强党的凝聚力和影响力，都有着重要的作用。

——节选自杨继波《党旗的故事》

28 古代幻方大师杨辉

数学真奇妙  同学们,你们知道幻方吗?听说过古代幻方大师杨辉吗?

 慧慧,你在做什么呀?这么苦思冥想。

我在填三阶幻方呢,可是总在最后一列失败,太难了。有什么好办法吗?

 当然有办法了,实际上在我国古代就有科学家解决了幻方的问题。

杨辉(生卒年不详),字谦光,汉族,钱塘(今浙江杭州)人,南宋时期杰出的数学家。他曾担任过南宋地方行政官员,为政清廉,足迹遍及苏杭一带。他在总结民间乘除捷算法、"垛积术"、纵横图以及数学教育方面,均作出了重大的贡献。他是世界上第一个排出丰富的纵横图和讨论其构成规律的数学家,他还曾论证过"弧矢公式",时人称为"辉术"。杨辉与秦九韶、李冶、朱世杰并称"宋元数学四大家"。

南宋数学家杨辉可是古代的幻方大师哦！他研究幻方源于这样一则小故事。

　　当时杨辉是台州的地方官。一次外出巡游，碰到一孩童挡道，杨辉问明原因才知是该孩童在地上做一道数学题。杨辉一听来了兴趣，下轿来到孩童旁问是什么题。原来，这一孩童在做一位老先生给他出的一道趣题：把1到9的数字分三行三列排列，不论竖着加、横着加，还是斜着加，结果都等于15。

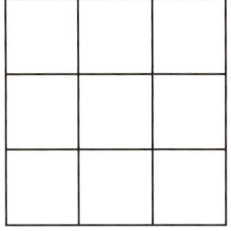

9个数字都要用上，且每个数字只能用一次哦。同学们可以试试看！

横着加等于15好排，可是要竖着加、斜着加都等于15，就太难了！

动手来探究

同学们,前面老先生出的题你们会做吗?我们一起来探究。

 大家是不是觉得有点难?我们先来看看杨辉是怎么解决的。

杨辉看到这道题,想起了曾在西汉学者戴德编纂的《大戴礼记》一书中见过。随即,他和孩童一起算了起来,直到午后,两人终于将算式摆出来了。

后来,杨辉随孩童来到老先生的住处,与老先生谈论起数学问题来。老先生说:"北周甄鸾所注《数术记遗》一书中写过'九宫者,二四为肩,六八为足,左三右七,戴九履一,五居中央'。"杨辉听后,发现与他和孩童摆出来的完全一样,便问老先生:"你可知这个九宫图是如何造出来的?"老先生也不知道。

《数术记遗》是东汉时期徐岳编撰的一本数学专著,介绍了我国古代14种算法,除第14种"计数"为心算,无须算具,其余13种均有计算工具,分别是积算(即筹算)、太乙算、两仪算、三才算、五行算、八卦算、九宫算、运筹算、了知算、成数算、把头算、龟算和珠算。"珠算"之名,首见于此。

同学们，通过前面的探究过程，你们发现了什么？来看看吧。

杨辉回到家中，反复琢磨，最终他发现一条规律，并总结成四句话："九子斜排，上下对易，左右相更，四维挺出。"就是说：（如下图）九子斜排，将九个数顺序填入；上下对易，最上一排与最下一排交换；左右相更，左右互换；四维挺出，就是将四条边突出，原来在边位的2，4，6，8变成了在角位。这样三阶幻方就填好了。

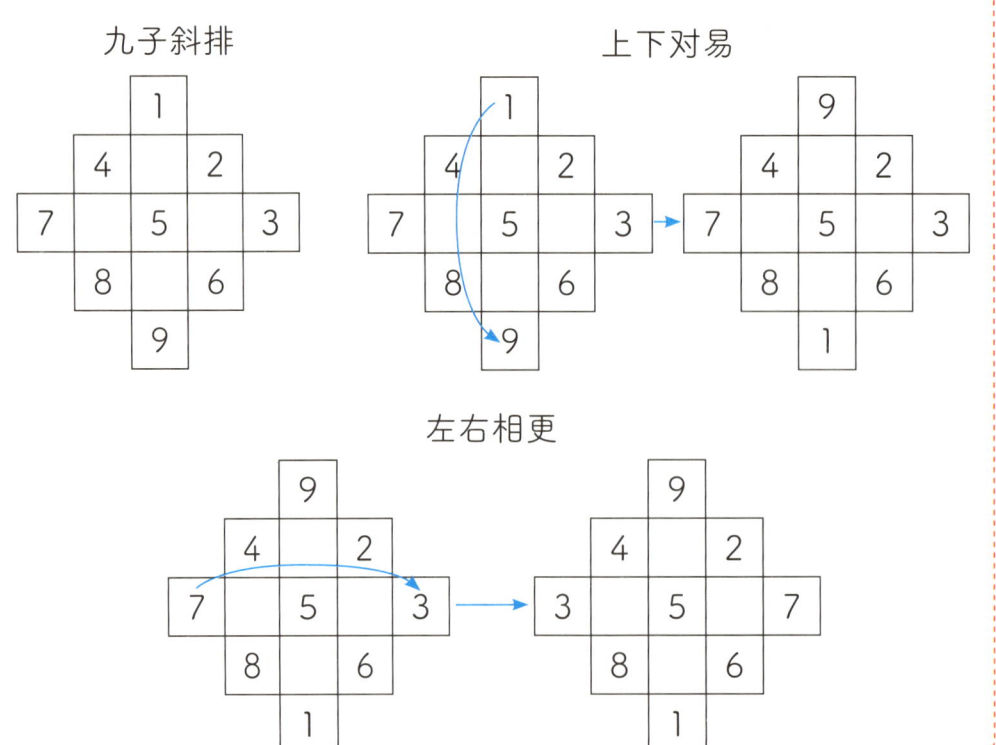

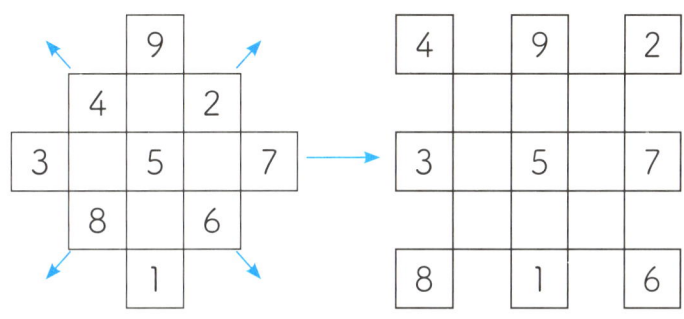

四维挺出

杨辉研究出三阶幻方（也叫洛书或九宫图）的构造方法后，又系统地研究了四阶幻方至十阶幻方。在这几种幻方中，杨辉只给出了三阶、四阶幻方构造方法的说明，四阶以上的幻方，杨辉只画出图形而未留下作法。但他所画的五阶、六阶乃至十阶幻方全都准确无误，可见他已经掌握了高阶幻方的构成规律。他把这些研究成果写进了《续古摘奇算法》一书中。

  同学们，前面讲的方法你们都掌握了吗？我来考考你们。

9个连续的自然数分行排列，不论竖着加、横着加，还是斜着加，结果都等于60。请按要求填一填。

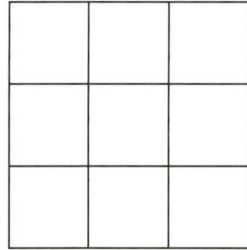

智慧小链接  同学们，有一项数学史上的伟大成就也和杨辉有关哦！来看看吧。

"杨辉三角"是由数字排成的三角形数表，是二项式系数在三角形中的一种几何排列（如下图）。杨辉用该三角形解释了二项和的乘方规律。贾宪（北宋数学家，约11世纪）在《释锁算术》中就用过这个三角形，比杨辉还要早。因此也有人称它"贾宪三角"。在欧洲，人们习惯称它为"帕斯卡三角"。帕斯卡（1623—1662）是在1654年发现此三角的，比贾宪迟了600年。"杨辉三角"是中国古代数学的杰出研究成果之一，它把二项式系数图形化，把组合数内在的一些代数性质直观地从图形中体现出来，是一种离散型的数与形的结合。

```
              1
            1   1
          1   2   1
        1   3   3   1
      1   4   6   4   1
    1   5  10  10   5   1
  1   6  15  20  15   6   1
            ……
```

参考答案

1 一笔画

知识我会用

① 图中只有 A 点和 C 点是奇点，因此要以这 2 个点为开始和结束，才能不重复地走遍所有街道（一笔画）。所以，从 A 点出发的甲会先回到快递站，而从 B 点出发的乙要重复多走一段路。

② 图中有 2 个奇点，分别是 A 点和 D 点，因此要把入口和出口设在 A 点或 D 点，即入口设在 A 点，出口设在 D 点，或入口设在 D 点，出口设在 A 点，则可以使游人走遍每一条路不重复。

③ 略。

2 怎样走最近

知识我会用

有两种走法，如下图所示：

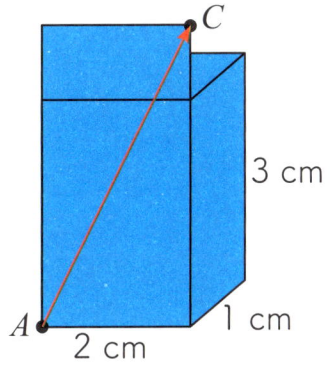 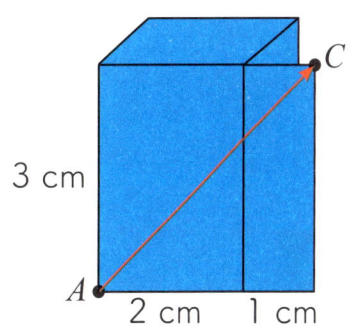

从上面走，$AC \approx 4.5$ cm； 　从侧面走，$AC \approx 4.2$ cm。

由此可知，第二种走法（从侧面走）更近，大约是 4.2 cm。

❸ 科克雪花

知识我会用

（略）

---

❹ 7的倍数特征

知识我会用

554：5×2+54=64，64÷7=9……1　　✗

448：4×2+48=56，56÷7=8　　√

1245：12×2+45=69，69÷7=9……6　　✗

---

❺ 分数的拆分

知识我会用

$\dfrac{1}{10} = \dfrac{7}{70} = \dfrac{2}{70} + \dfrac{5}{70} = \dfrac{1}{35} + \dfrac{1}{14}$

$\dfrac{1}{12} = \dfrac{8}{96} = \dfrac{2}{96} + \dfrac{6}{96} = \dfrac{1}{48} + \dfrac{1}{16}$

（答案不唯一）

智慧小链接

从邻居家借1匹马，这样一共有12匹马。将总数的$\dfrac{1}{2}$分给老大，即老大分得 6 匹；$\frac{1}{4}$ 分给老二，老二分得 3 匹；$\frac{1}{6}$ 分给老三，老三分得 2 匹。一共 6+3+2=11（匹），还剩下 1 匹，正好将邻居的马还回去。即 $\frac{11}{12} = \frac{1}{2} + \frac{1}{4} + \frac{1}{6}$。

6 画正方形

知识我会用

正方形的面积依次为：5 cm²、10 cm²、13 cm²、17 cm²。

7 裁剪组合正方形

知识我会用

如下图所示：

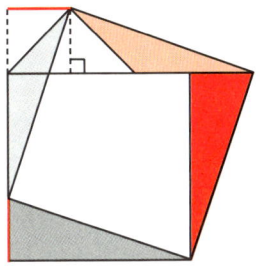

8 怎么围最大

知识我会用

（1）60÷3=20（m），20×20=400（m²）。

（2）设长方形宽为 x（m），长就是 $60-2x$（m），

$2x=60-2x$

$4x=60$

$x=15$（m），

$15×(60-2×15)=450$（m^2）。

当宽为 15 m，长为 30 m 时，面积最大，为 450 m^2。

9 一亩三分地

知识我会用

$200×10×1×60=120000$（m^2）$=12$（公顷）；

$12×15=180$（亩）。

10 三角形最多的个数

知识我会用

从假设正方形内部只有 1 个点开始尝试，会发现这样的规律：

内部点数	分割出的三角形个数
1	4
2	4+2 = 4+1×2
3	4+2+2 = 4+2×2
4	4+2+2+2 = 4+3×2
……	……
n	4+($n-1$)×2

题述内部有100个点，因此一共可以分割出4+（100-1）×2=202（个）三角形。

11 三角形面积的等分

知识我会用

在△ABC中，因为D、F是BC的三等分点，

所以△ABD的面积是△ABC面积的$\frac{1}{3}$。

又因为点E是AB的中点，

所以△BDE的面积是△ABD面积的$\frac{1}{2}$。

因此，△BDE（涂色部分）的面积就是△ABC面积的$\frac{1}{6}$。

12 蝴蝶原理

知识我会用

如下图所示，创造蝴蝶状图形，运用"蝴蝶原理"解答。

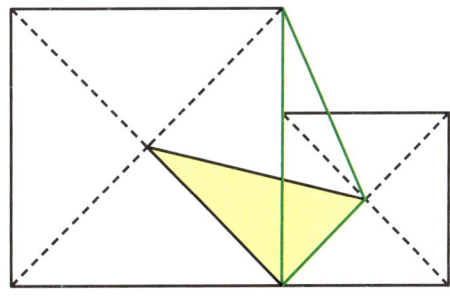

涂色部分的面积：8×5÷2÷2=10（cm²）。

13 格点与面积

知识我会用

根据"面积 = 边界格点数÷2−1+内部格点数",
得 S_{ABCD}=6÷2−1+12=14(cm²)。
即涂色图形 ABCD 的面积是 14 cm²。

---

14 过桥问题

知识我会用

队伍的长度:346÷2×1−1=172(米);
时间:(172+702)÷23=38(分钟)。

---

15 周髀算经

知识我会用

勾股　三　四　五

---

16 数学论证大师赵爽

知识我会用

2×3÷2×4+(3−2)×(3−2)=13(cm²);
或 2^2+3^2=13(cm²)。

17 相遇问题

知识我会用

从出发到第五次相遇：

总路程：4×2+1=9（个全程），9×600=5400（米）；

速度和：40+60=100（米/分钟）；

相遇时间：5400÷100=54（分钟）。

即出发后经过54分钟，佳佳、慧慧两人第五次迎面相遇。

---

18 错视图形

知识我会用

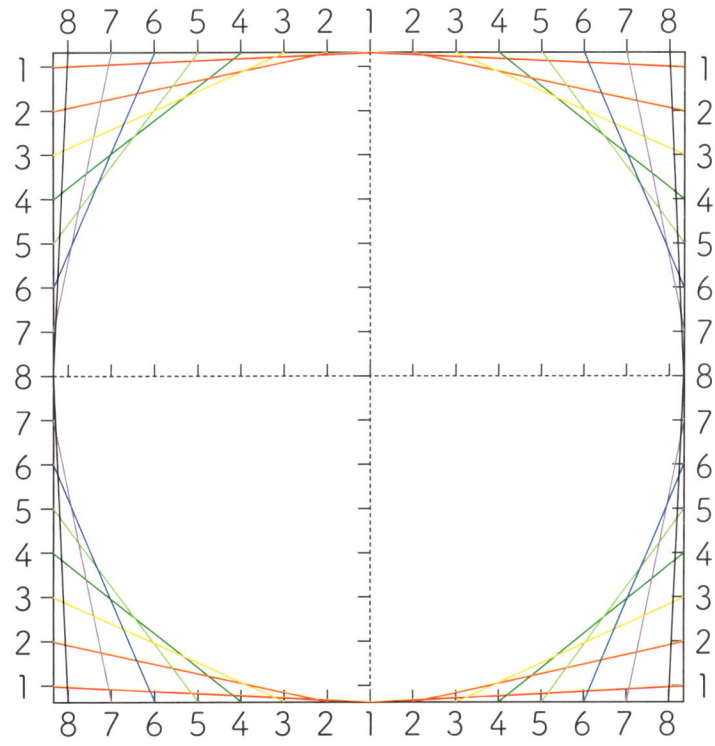

19 涂色图形

知识我会用

棱长（cm）	不同涂色情况的小正方体的数量（个）			
	三面涂色的	两面涂色的	一面涂色的	没有涂色的
10	8	96	384	512
n（$n\geq 3$，取整厘米数）	8	$(n-2)\times 12$	$(n-2)^2\times 6$	$(n-2)^3$

智慧小链接

三面涂色的小正方体最多有 32 个，最少有 0 个。

---

20 正多面体

数学真奇妙

算一算

正多边形	内角和	每个内角的度数
正三角形	$180°\times 1=180°$	$180°\div 3=60°$
正四边形	$180°\times 2=360°$	$360°\div 4=90°$

续表

正多边形	内角和	每个内角的度数
正五边形	180°×3=540°	540°÷5=108°
正六边形	180°×4=720°	720°÷6=120°
正七边形	180°×5=900°	900°÷7≈128.6°
正八边形	180°×6=1080°	1080°÷8=135°

知识我会用

柏拉图立体要求每个顶点连接的面数相等，而这个立体图形有些顶点连接的是5个面，有些连接的是4个面，因此不是正多面体。

21 多面体的秘密

知识我会用

立体图形	面数（F）（个）	顶点数（V）（个）	棱数（E）（条）
堑堵	5	6	9
阳马	5	5	8
鳖臑	4	4	6

它们的面数、顶点数和棱数之间的关系符合欧拉定理。

22 长方体包装中的问题

知识我会用

最多能装6盒，放置方法如下图：

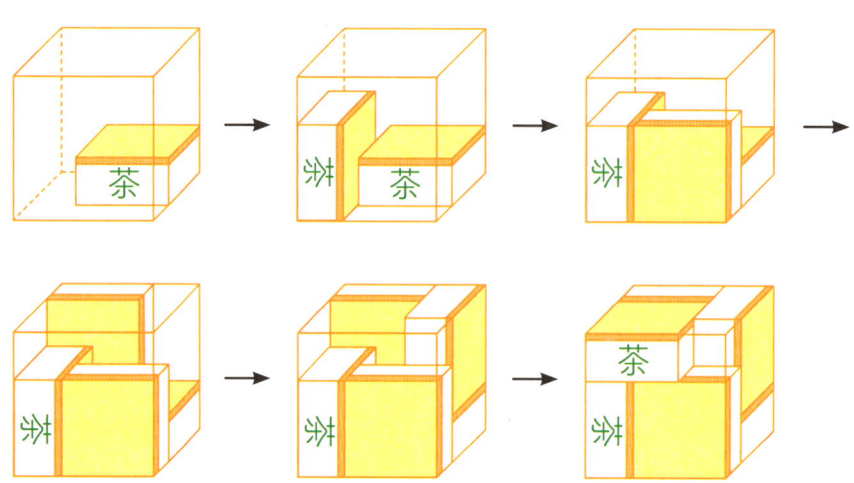

---

23 柱体体积

知识我会用

（4+8）×5÷2×2÷[（4×5）÷2]=6（cm）；

如果将这个茄子放进三棱柱形容器中，水位会上升6 cm。

智慧小链接

$S_{圆柱}=S_{侧面积}+S_{底面积}×2=2\pi r \cdot 2r+2\pi r^2=6\pi r^2$；

$S_{球}=\dfrac{2}{3}S_{圆柱}=\dfrac{2}{3}\cdot 6\pi r^2=4\pi r^2$。

24 圆周率

知识我会用

长（车轮周长）：$2\times20\times3.14=125.6$（cm）；

宽：5 cm；

面积：$125.6\times5=628$（cm^2）。

25 绘制国旗

知识我会用

（略）

26 华罗庚直接法

知识我会用

零件总份数：$5+3=8$（份），

甲队完成的份数：$5\times\dfrac{4}{5}=4$（份），

即甲队完成了总任务的一半（480个零件），

因此要完成生产任务，乙队需要生产的零件数量也是480个。

27 绘制党旗

知识我会用

（略）

---

28 古代幻方大师杨辉

知识我会用

先确定中间数，3个数加起来是60，中间数是60÷3=20，然后确定其他8个数。

19	24	17
18	20	22
23	16	21